舒马赫
F1王者的传奇人生

［意］皮诺·卡萨马西玛 著
盛媛 章尹代子 译

IL CAMPIONE

IL CAMPIONE BY PINO CASAMASSIMA

Copyright © 2014 SPERLING & KUPFER EDITORI S.P.A.

This edition arranged with SPERLING & KUPFER EDITORI S.P.A. through Big Apple Agency,Inc.,Labuan,Malaysia.

Simplified Chinese edition copyright: 2016 Beijing Wisdom & Culture Co.Ltd.

All rights reserved.

图书在版编目（CIP）数据

舒马赫：F1王者的传奇人生/（意）皮诺·卡萨马西玛著；盛媛，章尹代子译. -- 北京：新世界出版社，2016.10

ISBN 978-7-5104-5900-9

Ⅰ.①舒… Ⅱ.①皮… ②盛… ③章… Ⅲ.①舒马赫（Schumacher, Michael）–传记 Ⅳ.①K835.165.47

中国版本图书馆CIP数据核字（2016）第191922号

舒马赫：F1王者的传奇人生

选题策划：蒋　祥　邓东文
作　　者：［意］皮诺·卡萨马西玛
译　　者：盛　媛　章尹代子
责任编辑：丁　鼎
责任校对：宣　慧
责任印制：李一鸣　高　金
出版发行：新世界出版社
社　　址：北京西城区百万庄大街24号（100037）
发行部：（010）6899 5968　（010）6899 8705（传真）
总编室：（010）6899 5424　（010）6832 6679（传真）
http://www.nwp.cn
http://www.nwp.com.cn
版权部：+8610 6899 6306
版权部电子信箱：nwpcd@sina.com
印　　刷：北京旭丰源印刷技术有限公司
经　　销：新华书店
开　　本：710mm×1000mm　1/16
字　　数：110千字　　印张：10.25
版　　次：2016年10月第1版　2016年10月第1次印刷
书　　号：ISBN 978-7-5104-5900-9
定　　价：45.00元

版权所有，侵权必究
凡购本社图书，如有缺页、倒页、脱页等装帧错误，可随时退换。
客服电话：（010）6899 8638

迈克尔·舒马赫：一代车王的神话

巴塞罗那冬季试车即将开始,舒马赫积极备战

其乐融融

舒马赫头戴红发套手拿香槟酒庆祝胜利

2003年5月4日，F1西班牙站大奖赛尘埃落定，舒马赫驾驶F2003GA赛车夺冠

2004年3月19日,F1马来西亚大奖赛在雪邦赛道举行自由练习赛,法拉利车手舒马赫与工作人员进行交流

2004年3月21日,F1马来西亚站:舒马赫雪邦赛道顺利夺冠

2004年4月4日晚,F1巴林站比赛正式开始,舒马赫一马当先,连续第三次夺得冠军

2004年5月30日,F1欧洲大奖赛在德国纽博格林赛道进行,舒马赫霸气夺冠

2004年5月9日,F1西班牙大奖赛在加泰罗尼亚赛道结束。法拉利车手舒马赫夺得当年的第五个冠军,以胜利来纪念自己职业生涯的第200场比赛

2004年6月14日,在F1加拿大站的比赛中,第六位出发的舒马赫击败了所有对手,拿到了个人本赛季的第七个分站冠军

2004年6月18日,F1美国站:巴里切罗首次自由练习赛排名榜首,舒马赫名列第二

2004年7月4日,F1法国大奖赛决赛在马尼-库尔赛道展开,最终迈克尔·舒马赫通过梦幻般的四次进站夺得了本赛季的第九个分站冠军

舒马赫参加足球义赛，一展球技

2004年10月10日,在F1日本大奖赛的正赛中,舒马赫第六次称王

2005年3月23日,法拉利车队车手驾驶F2005赛车在意大利穆杰罗赛道试车

2005年4月21日,F1圣马力诺大奖赛开赛在即,各车队车手与媒体见面

2005年5月18日，F1各车队来到摩纳哥备战周末进行的摩纳哥站大奖赛

2005年6月10日，F1加拿大站进行练习赛前，舒马赫遥望远方

2005年6月30日，F1法国站开赛在即，舒马赫轻松备战

2005年9月1日，舒马赫出席F1意大利站新闻发布会

2005年10月13日,中国上海,舒马赫为法拉利在意大利境外的首家精品旗舰店开业剪彩

2005年10月14日，F1上海站练习赛前，舒马赫接受记者采访

2006年1月24日，法拉利新车F2006亮相，舒马赫兴奋试驾

2006年5月4日，F1欧洲大奖赛将拉开大幕，各车队车手纷纷抵达赛场

2006年10月1日,F1上海大奖赛决赛,舒马赫夺得冠军

F1车迷齐聚舒马赫家乡,观看偶像告别赛

2007年5月11日，西班牙巴塞罗那，F1西班牙大奖赛开赛在即，迈克尔·舒马赫自从退役后，首次出现在F1赛场

2009年12月23日，英国，舒马赫复出成为奔驰车队的车手

2010年4月15日,中国上海,舒马赫接受媒体采访

车王谢幕

柏林：舒马赫携妻子参加2010GQ年度男性颁奖典礼

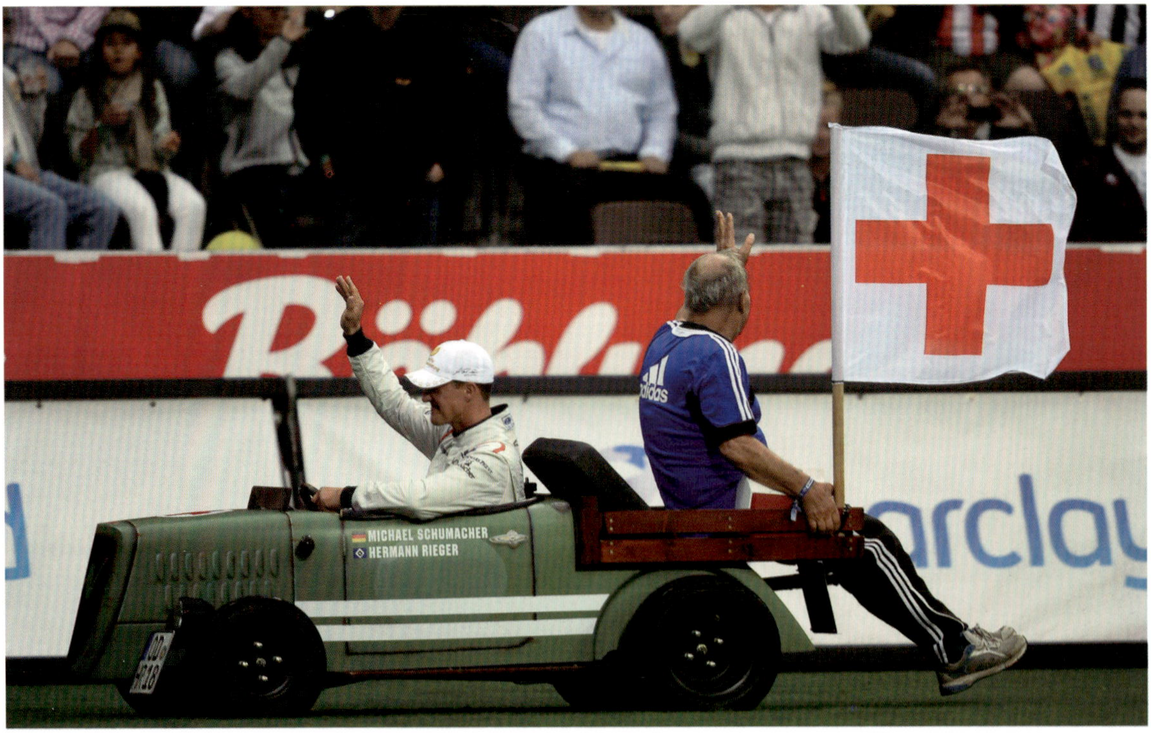

2013年9月8日，德国汉堡，慈善足球赛星光闪耀，舒马赫、巴拉克、马特乌斯等体坛明星纷纷出场

2013年12月29日，由于滑雪遭遇意外事故，导致头部严重受伤的舒马赫被紧急送往当地医院

舒马赫家人医院探访，面色凝重行色匆匆

永远的车王

序言

时代的更替:从"风险骑士们"到F1车坛霸主

维罗纳,1965年。当时我只有12岁,还在贝特罗尼上初二。那本来是极寻常的一节课,女老师正在不遗余力地讲解难题,我的同桌突然从书包里拿出一个东西,就是这个东西改变了我的一生。那是一个小的汽车模型,不是普通的汽车,而是一辆赛车:流线型的车身,宽大的轮胎,尖尖的车头,炫目的色彩,哈,是一辆莲花25!1963年英国车手吉姆·克拉克就是开着它赢得了F1世界冠军。

那辆汽车模型的外观让我想到了希腊神话中的战车。斯卡芒德洛河畔的平原上佩琉斯呐喊着,巴里奥和伊科斯昂多拉着阿喀琉斯的马车在特洛伊人中制造混乱。那辆F1赛车的驾驶员座舱让我想到了《荷马史诗》中最具悲剧色彩的英雄,克拉克戴的头盔就像是阿喀琉斯的战盔。这简直就是《伊利亚特》的现代版本。那些在特洛伊之战中爆发的战争和冲突,阿喀琉斯和埃托雷,迪奥梅德和得伊福波斯的马车在战场上追逐,这或许就是竞技赛车的雏形?这些画面在我的脑海里层层重叠，让我为之深深感动，直到很多年后我才意识到，其实在当时我就已经爱上了赛车。也就是从那一刻起，F1走进了我的生活，之后再也没有离开，一开始只是一项兴趣爱好，后来慢慢发展，最终成了我的职业，直到今天我已经跟着它环游了世界。

　　1965年年末，克拉克率领莲花车队再一次夺得了世界冠军，它的设计者柯林·查普曼为了庆祝胜利，竟然不顾危险地冲到赛道上，把帽子扔向空中以示对赛车手的敬意。在F1的冠军历史上，接下来两年的冠军分别由澳大利亚人杰克·布拉伯汉姆和新西兰人丹尼斯·休姆夺得，新西兰的赛车运动在那几年里飞速发展，涌现出大批的年轻车手。富有的农场主和羊毛业者的孩子们都爱上了这项运动，布鲁斯·麦克拉伦和布拉伯汉姆一样建立了自己的车队，科里斯·阿蒙作为法拉利车队的新加盟车手取代了瑟蒂斯的位置。1967年，阿蒙作为红衫军团的一员在蒙特卡洛大奖赛上首次亮相，参加那次比赛的还有另一位杰出的车手洛伦佐·班迪尼，他凭借过人的才华和努力走入了F1的赛场。班迪尼在第一方阵中如离弦之箭般冲出起点，却在出发后不久遇到一块油渍，猛冲了出去。他愤怒地准备重新出发，不愿意向不断纠缠他的噩运屈服，那场比赛他本来是赢定了的：100圈的赛程他已经跑到了第82圈，却在离胜利只有一步之遥的时刻像一颗子弹那样直直地冲出了赛道。他驾驶的法拉利312以不可思议的高速进入急弯，撞到柱子上后翻了过去，赛车像火柴一样瞬间起火。尽管医护人员进行了全力抢救，班迪尼还是在三天后去世了，身体大面积烧伤，最后不治身亡——这样的悲剧是每个赛车手的噩梦。那些年，赛车的驾驶舱就像是用汽油包裹起来的浴盆，安全隐患极高。在YouTube网站上还能看到罗格·威廉姆森翻车时的照片，他当时驾驶一辆玛驰，整个车身都翻转过来陷在熊熊大火里，他的同伴大卫·博尔里不顾一切地想要去救自己的队友，却被救险队员拼命拉住，场面极其悲惨，人们眼睁睁地注视着一条生命被大火吞噬却又无能为力。同样的悲剧如今发生在了这个英国人身上，在他F1赛程的第二场比赛中，冲向胜利的同时也在冲向死亡，一切就像是冥冥中注定的一样。

　　1958赛季的10场比赛中有3位赛车手丧生。死亡之神仿佛举着致命之剑伫立在每场比赛的起点。在班迪尼之后，苏格兰赛车手克拉克也遭此厄运，而在此之前，他在人们眼中是与众不同的，死亡仿佛从来与他无关。事实上，如果在维基百科中搜索"竞技赛车运动中死亡的车手"这一词条是无法找到克拉克的名字的，因为他是在F2的一场比赛中罹难的。在当时，世界大奖赛分为12场比赛，还没有像今天这样较为系统的检测，所以车手们可以同时参加其他级别的比赛，比如世界运动锦标赛和F2大奖赛。而这些比赛因为都是从F1得到的冠名许可，所以参加的车手并不能通过比赛得分，只是将这些比赛当作迈向世界级车手的跳板，谁拿到冠军谁就能被顶级车队聘用。现在看来像是另一个世界的事，但在当时却是真实存在的。今天的F1赛车手是绝对不可能参加F1之外的任何比赛的：合约已经把他们牢牢地和车队绑在了一起。在那个年代，竞技赛车还是比较小众的运动，还不能通过电视收看，只能通过无线电收听蒙特卡洛和蒙扎的部分赛事。例如意大利站的比赛就曾因同时还举办巴洛奇公路自行车比赛而中断（我本该对此表示愤怒），当时人们为了知道比赛结果不得不依赖无线电广播。我记得在1970年奥地利大奖赛上，艾克斯和雷加佐尼都有不俗表现，法拉利车队因此在1968年7月开始的禁赛结束后，又重新回到冠军领奖台。年轻的赛车手杰克·艾克斯驾驶着他的法拉利312在暴雨中夺得胜利，也是在这场暴雨中，另一位赛车手施雷斯尔却失去了生命。他驾驶的本田赛车在车身解体后即将进入水面行驶时因镁过量而翻倒在地，燃起熊熊大火。因为没有救险队在旁边，他只能葬身火海。

我是通过无线电广播得知法拉利车队夺冠的消息的，之前的1969年着实是可怕的一年，如果不是菲亚特的介入，人们甚至担心这会是法拉利在F1赛场的终结之年。听到获胜消息的那一刻，我的朋友正好骑车到我家门口，我从阳台上大声呼喊着告诉他这个好消息，虽然只隔着几米远，但我已经等不及要和他一起分享喜悦了。

到了20世纪70年代，赛车的驾驶舱变了，马达和赛道变了，头盔和赛车手穿的服装甚至连赛车手们都变了。新一代赛车手们面对的是另一个世界，赞助商的大量涌现不仅改变了赛车手们的形象，连同他们的服装也一起改变了，赛车手的衣服上出现了越来越多五颜六色的商标，但却没有一个和赛车本身有关。（很多年后，当万宝路冲破恩佐·法拉利之前的反对，终于在法拉利上成功打出广告时，一位记者提醒这位杰出人物要注意他最终也向市场法则屈服的行为，却得到了恩佐·法拉利一贯机智的回答。"正如您所知，"他的目光穿透深色的镜片，"我对于技术性的赞助向来持欢迎态度。万宝路的赞助可以用于支付赛车手的佣金，赛车手可一直都是赛车这项运动当中最重要的组成部分，是技术性要素啊！所以，并不存在任何矛盾。"）电视机的发明则带来了另外一场革命。媒体的大量报道让围绕着赛车运动的金钱呈现指数型增长，短短几年时间内，在美元的刺激下出现了很多车手和车队，他们就像昙花一样，盛开之后很快凋谢。

20世纪70年代初，当约琛·林特和佩德罗·罗德里格斯去世后，F1比赛成了硕果仅存的重量级赛事：乔·斯特福特、约翰·苏提斯和格拉汉姆·希尔代表着赛车运动的最高水平，但也步入了他们职业生涯的尾声。在老一辈的赛车手队伍里只有杰基·斯图沃特还在努力对抗着新兴力量，1973年他在经历了99场大奖赛后第三次问鼎世界冠军，这也是他退役前的最后一个冠军。斯图沃特的最后一场比赛是在沃特金斯格伦公园，但在比赛中，本该接替他成为特利尔车队带队车手的弗朗索瓦·塞尔维却不幸丧生，这让斯图沃特本人也提前告别了F1比赛。

新一代车手的代表人物是巴西人埃默森·菲迪帕尔蒂，他在1970年的大奖赛上夺得冠军，那次比赛是他职业生涯的第六场比赛。在接下来的几年里，这匹巴西黑马曾两次让其他赛车手们刮目相看，其中第二次是在1974赛季末给驾驶法拉利的瑞加诺尼重重一击。法拉利车队当时依靠的是奥地利车手尼基·劳达，他也是一位新生代车手。正是他在1975年和1977年分别两次为法拉利车队摘得桂冠，然而1976年他却丧失了夺冠机会。那年的日本大奖赛，比赛当天天降大雨，天气情况非常糟糕，尼基因此选择退赛。第二天有周刊将这一决定描述为是一种"有勇气感到畏惧"，因为对于一个几个月之前刚在纽博格林赛道上经历过生死的赛车手来说，这确实是令人费解的选择。

尼基·劳达最终还是缠着带有血迹的纱布不顾一切地出现在了蒙扎赛车场内。1976年赢得"令人畏惧的勇气"或"有勇气的畏惧"称号的是詹姆斯·亨特。（在赛场上有时被热切地称为"风暴"的法拉利技术之父毛罗·福尔杰里在多年后说道："不需要超常发挥也不要出现明显失误，只要像其他人一样平稳驾驶就足以让他获得这一称号。"毛罗·福尔杰里在尼基·劳达退赛时曾建议他用技术故障这个万能借口作为解释,但劳达本着诚实的态度拒绝了。)他是一个怪才。与其说他是一个名人,不如说他是一个没有污点、无所畏惧的英雄车手。但作为一名车手,他给人的感觉更像是一个摇滚明星,金色的长发杂乱地披散着,看上去总是那么不修边幅[1976年在巴黎举办的FIA(国际汽车联盟)颁奖仪式上,他穿着一双网球鞋,抽着烟上台领奖]。他总是很晚才睡(在这一点上他并不孤单),喜欢喝酒[有一次我们一起乘飞机从澳大利亚大奖赛返回,他坐在我旁边为BBC(英国广播公司)做赛事评论,我都记不清他问空姐要酒喝的次数了]也喜欢抽烟(并不只是意大利的香烟牌子),还有许多其他奇怪的癖好,这些都让他原本丰厚的收入变得紧张起来。1979年他就退役了,1993年因心脏病突发去世时才45岁。他空着豪宅不住,却一直住在停在家门口的拖车里。总之他是一个不怕危险的人。

同样初出茅庐的还有瑞典车手鲁尼·皮特森,在1978年的锦标赛上他本可以一战成名,可柯林·查普曼却偏偏让马里奥·安德雷蒂做了莲花车队的带队车手。之后到底发生了什么就没有人知道了,只是在蒙扎赛道的比赛中皮特森也陷入过一起致命的赛车碰撞事故中。

之后还有加拿大天才车手吉尔斯·维伦纽夫,是他让追求速度的热情影响到了每一个法拉利车手。当他行驶在赛道上时,速度快得简直像要飞起来一样。然而赞德福特的比赛却是他生命中的最后一次飞驰。

20世纪80年代也涌现出很多赛车手，他们中有些名大于实，有些只是名噪一时，有些也在比赛中付出了生命的代价，然而这些都只是为了烘托另一位具有划时代意义的巴西赛车手尼尔森·皮奎特的登场。他虽然三度夺得F1大奖赛的年度冠军，生活中却作风轻浮。

最后还有埃尔顿·塞纳，他的竞争对手主要是阿兰·普罗斯特和尼格尔·曼塞尔。三个人都夺得过世界冠军，都是优秀的赛车手，都个性十足，也都有各自的优点和缺点。

但是像传奇一样存在的却只有埃尔顿·塞纳一人，只有他表现出与皮奎特精神相反的另一种风格。皮奎特总是喜欢开玩笑（某次大奖赛上，皮奎特发现了一个难以解决的技术问题后，就在修理站前停下让修理工为他更换轮胎，下车之前他对每一个询问他为什么中途停车的人都说自己只是在开玩笑），埃尔顿·塞纳却总是行为谨慎且专注于工作（有一回，一位赞助商请我们吃晚饭，我和他同坐一张餐桌，这让我终于有机会可以和他面对面交谈。他的眼睛血红，我问他是不是困了，他说是季节的原因，他有花粉过敏症。晚餐结束时大约10点，他跟所有人告别后就去休息了，完全不顾那一天的活动其实是专门为他准备的）。在任何场合，埃尔顿·塞纳都表现出与其他车手的不同。每一次你都会感叹塞纳果然是塞纳，这个名字早已成为"至高无上"的代名词。每次大奖赛一结束，所有的赛车手都会迫不及待地转向住地的高尔夫球场或是游泳池放松，塞纳则和他的技师们一起钻进旅宿汽车里研究比赛中出现的问题，直到找到解决方法后才出来。

当舒马赫进入公众视野里的时候，很多人都在这个德国小伙子身上看到了塞纳的影子。当初塞纳也是这样，开着他的简陋的托勒曼满怀着对胜利的渴望，像一阵龙卷风一样驶进了F1比赛的赛场，如果不是杰基·艾克斯（曾经的保时捷车手，那场比赛的裁判）及时介入并在规定时间结束前就中断了比赛，塞纳很有可能会战胜强大的普罗斯特。比赛进行的时候正下着大雨，塞纳在雨中一圈一圈地追赶着普罗斯特，几乎就要成功超过他了，但最后的冠军仍是普罗斯特——这位曾四次获得世界冠军的法国赛车手。

塞纳很快就注意到了舒马赫的潜力，并为自己没有及时发现他而暗暗自责。那个"小德国佬"让他感到紧张，无论是在赛场上还是在其他场合，舒马赫都没有流露出对这位车坛前辈敬畏般的胆怯。要知道为了避免激怒塞纳，不少赛车手哪怕只是在后视镜里瞥见他的车，都会马上主动让道。这种"臣服心理"几乎笼罩了整个赛场，除了一些不怕死的车手比如尼格尔·曼塞尔，这个英国人极其固执，你若不给他让路他就干脆把你移出赛场。他是唯一一个能够在草地上独立驾驶汽车偏转到反方向并且有能力控制整场比赛的赛车手，也是唯一一个曾在蒙特卡洛拉斯卡塞赛道尝试超车的赛车手。

伴随着舒马赫的到来，F1历史上的最后几头雄狮也相继退出舞台：普罗斯特和曼塞尔接连退役，塞纳去世。一个时代的结束往往预示着另一个时代的开始——一个F1历史上无人能与之匹敌的时代。这段历史漫长又唯一。且听我们细细为您讲述。

目录
CONTENTS

001	劫难之后
009	法拉利的重生
013	从卡丁车开始
017	凯旋的战车
019	精英俱乐部
023	赛场风云
027	魔法先生
033	第一次
037	"教授"的四次冠军
041	舒马赫登场，再见塞纳
047	两次获得冠军
053	重金聘用的舒马赫
061	这真是羞耻！
067	仍然是……米卡·哈基宁
073	是埃迪·埃尔文，而不是舒马赫
079	法拉利车队，世界第一

087	9·11事件中，"汉尼拔"第二次夺冠
091	私人生活
095	取得和方吉奥一样的成绩
099	以"律师"乔瓦尼·阿涅利之名
105	陪伴家人和全心工作
109	蒙扎，大获全胜
113	坚毅而慷慨的舒马赫
117	离开赛场

121	退休？不！
125	米克·贝奇
129	精力充沛的40岁
133	复出
139	在卡丁车中等待F1
143	昔日光辉不再
147	白雪、机器（复苏），祈祷
151	作者的话

劫难之后

　　玻璃墙的另一边躺着一条生命，他连接着各种冰冷无菌的器械。这些高科技器械的外观是如此优美，却又是那么冰冷。或许就是因为它们冰冷且没有感情才能被称为完美，但即使这样它们也无法让人类与错误绝缘。如果不是20世纪出现的一系列重大科学发明和发现，它们可能至今还不被人类所认识。在过去几千年的时间里，生命都被某种内在的不可更改的自然力所统治，正如埃斯库罗斯当初问普罗米修斯技术是否比自然更加强大，普罗米修斯的回答是"否"。技术远比自然的力量弱小。人类从自然中获得生命，遵循着自然的法则而不是技术的法则。技术可以帮助万物却无法主宰万物的进程，白天与黑夜，生存与死亡，万物都须按照既有的轨道

舒马赫：F1王者的传奇人生

运行，周而复始无法改变。

　　古希腊人用"brotos e thnetos"来称呼人类，意思是"终有一死的"，这个称呼的由来绝非偶然。人类对于死亡一无所知，在阴间飘浮的阿喀琉斯说："我宁愿做地上的奴隶也不愿做地下的王。"但是希腊神话中的神都是类人的。从神话时代过渡到叙述时代，出现了一神论的宗教，它们用永生战胜了死亡，颠覆了整个西方的历史观和生命观。这种永生不再是在阴间的绝望飘浮，而是一种更好的生命体验，一种真正的生命，尘世间的生命只是暂时的虚假的——最具现代精神的希腊人柏拉图认为，死亡只是生命的变异体。因此，真正的生命存在于别处，在各式各样的教堂里，在为庆祝新生或纪念死亡而举行的仪式中是找不到它的。

　　在距离这间无菌病房千里之外的地方，有无数的人在虔诚地祷告，祈求上帝延迟那个躺在病房里的男人生命的终止。他们请求让他能重新睁开眼睛，重新投入战斗。"我们为你祷告"这句简单的话语其实是在说：我们希望你能和我们在一起，因为我们不相信你在另一个世界会活得更好。我们深知你在这样一个世俗的、容易堕落的、不完美的世界里是怎样生存的。但是请不要离开我们。

　　一个只活了45年的生命可以被认为圆满了吗？当然不能。正因为如此，每个人都希望通过自己的方式来挽留住那个躺在医院里熟睡的男人的生命。我们每个人都是不完美的，为了活得更好我们有

劫难之后

权利幻想，这也是出于一种强烈的想要把心爱的人留在身边的愿望。那个人可以是母亲，也可以是我们敬爱的但却从未有过目光交汇的某个人。活着的人都会死去，没有什么是永垂不朽的；为了生存我们相信机器相信技术，因为它们能让生命周期延长。而那个躺在玻璃墙另一侧的男人，曾经也和机器技术保持过最亲密的距离。

  在一个为机器辩护的时代，机器甚至成了地球上完美事物的象征——它是技术的最佳表现形式，能实现精确的复制，因此可以将错误的可变性降到最低——如果一样东西越完美，那么它就越接近机器。"我想变成机器。" 安迪·沃霍尔说。他认为变成机器就可以按照同样的方式重复，就可以规避掉一切不可预知的风险，一切除爱以外变化莫测会腐烂的东西。我们祈求不要离开的那个男人，他的天赋、才华和娴熟的技术是如此令人称奇，失去他，这个世界仿佛都不再美好而变得丑陋起来。我们如此深爱他，是因为他代表了一种最类似于机器的状态吗？一种像机器一样无可比拟的完美存在？这真是一个可怕的想法，抛开这个想法，我们宁愿将他当作普通人，当作叔本华口中有两条腿的普通人，有长处也有不足。毕竟，汽车是汽车，人是人，汽车再完美也要服务于两条腿的人，也只是人类技术的产物。技术会随着时间的推移而不断发展完善，直到某一天或许能让人类走出死亡的阴影，留在这个到目前为止唯一已知的地球上。未知的死亡与其说是一种希望，不如说是一个承诺。

舒马赫：F1王者的传奇人生

这样一个世俗的物质世界，有着许许多多的缺陷和不完美，然而正是这些缺陷和不完美才让它成为人世，人类是如此地热爱它，和它密不可分。人在这个世界上活动，呼吸，走路，思考，相爱，仇恨，奋斗，工作，哭，笑，受难，享乐，还有飞驰，急速飞驰。这种急速，就如同米兰·昆德拉在评价风起云涌的20世纪时所形容的那样，相反，对于缓慢他则用了一种优雅华丽的词藻来抒发自己的赞叹。这种具有杀伤力的急速是20世纪的某种特征，却震撼了一个注定成为英雄的少年。他的神经系统和脑细胞中隐含着某种强大的能量：一种无法解释的神奇的东西，或许就是通常人们所说的"天赋"。总之，他将会成为一个英雄。不是常人，不是机器，而是一个特别的人：具有非凡的才能，被神喜爱，而神又往往会将那些具有英雄力量的人较早地召回到他身边。埃尔顿·塞纳就是这样一个英雄般的人物。在他之前有吉尔斯·维伦纽夫，在吉尔斯·维伦纽夫之前还有鲁尼·皮特森、约琛·林特、吉姆·克拉克、洛伦佐·班迪尼等太多太多因痴迷于赛车运动而追随荣誉直到死亡的可敬的英雄。

在20世纪五六十年代，每一届大奖赛都像是一场和死神的较量，来自欧洲各国的年轻车手们，有不少都命丧于死神的致命之剑下，这其中就有雷格·墨索，他在法国举行的一场他不能输的比赛中丧生。如果他赢得比赛，就可以用丰厚的奖金还掉一个多月前在蒙特卡洛比

劫难之后

赛上欠下的债务。还有沃尔夫冈·范·特利普斯，在蒙扎赛道的比赛中他和另一名赛车手克拉克在进入帕斯波利卡弯之前发生摩擦。他的赛车翻入人群，特利普斯摔出赛车当场死亡，同时也酿成了F1历史上最大的一场惨剧：15名观众在事故中丧生。特利普斯的母亲请求将儿子的遗体安放在一具特殊的棺木中，在棺木的脸部位置凿开一小块，好让她能再看儿子一眼。他的父亲在科蓬修建了一条卡丁车赛道，以此纪念特利普斯，还专门委托一位同样酷爱赛车运动的技工来管理那条赛道：那名技工名叫罗夫·舒马赫。他的儿子迈克尔就是在那条卡丁车赛道上开始了最初的赛车运动。

多年后，在罗兰德·拉森伯格的悲剧发生后不久，同样的事故也发生在了塞纳身上。罗兰德·拉森伯格死在了他对赛车的疯狂激情中，但他的名字很快就被人们遗忘，因为在F1的众多车手中，只有少数杰出的人才能享受到荣誉和纪念。塞纳的赛车在失控后径直冲向水泥护墙，一节被扯断的悬架拉杆如同鱼叉般直接穿过头盔插入塞纳的头颅中，稍微再短几毫米他就能幸免于难。赛车运动的历史是由非常人构成的历史，是现代英雄们的历史，也是由许许多多这样的几毫米写成的历史。舒马赫无疑是赛车精英中的一员，他是多项纪录的创造者：从1950年大奖赛诞生以来，他难以置信地刷新了F1的所有纪录。

7个世界冠军头衔、91个大奖赛分站赛冠军，这些可都不是简单

舒马赫：F1王者的传奇人生

的数字；恐怕连《幻影车神》的编剧也写不出这样的传奇经历。但是那个比任何人都渴望胜利的德国小伙儿却做到了。可他现在却静静地躺在医院的病床上，身上连着各种和赛车不一样的机器，F1赛车曾将他推向荣耀：他那无可比拟的雄心壮志让他在F1历史上留下了难以磨灭的印记。可现在他躺在那面玻璃墙后一动不动，这在之前简直是无法想象的事。

曾有人问法布里奇奥·德·安德烈为什么要写歌，他回答说："因为不写歌我就不能生活，写歌是为了让人们不要忘记我。"这样的想法应该是很多杰出人物共同的想法吧，无论是音乐家、艺术家，还是教授、政治家，抑或是运动员，在任何一个领域里取得过卓越成就的人，都应该早已将这门技艺视为生命。

那个躺在玻璃墙另一侧的男人也是如此，他在他的领域里早已达到巅峰，难以被超越，除非是他的克隆体，在决心、天赋、严谨程度、专业度上和他一模一样才有可能向他发出挑战。他是F1的霸主，在取得史无前例的佳绩后选择离开，但却没有成功。警报器的声音是那样刺耳：任何耳蜡都无法抵挡住那样强大的具有穿透力的声音。于是他又回归到他原来的生活，回归到那样的速度中去，从孩提时代到后来他与自己的比赛中，那种速度始终贯穿其中。为了能不断超越自我，也是因为只有在那样的速度里，他才能感受到生命的存在。对他来说，这是生命唯一的存在方式：唯一喜悦的方

劫难之后

式。一种永远处于飞驰状态下的生命，永远领先所有人，任其他人再怎么追赶都是徒劳。

2013年12月29日发生的事却改变了整个故事。在通向幸福的途中出现了一块绊脚石——也许是几百万年以前就有的一块被历代人所踩踏的巨石。这个男人之前的生命是如此幸福，尽管不是一帆风顺——对大多数人来说——却可以称得上幸福，想要的一切都可以得到。彼得·西塔提曾说过这样的话："故事总是开始幸福，之后就会变得极其痛苦和不幸。"在取得了荣耀、胜利和冠军之后，在和心爱的女人结婚生子并组建了幸福的家庭之后，经历了青春期的拼搏和青年时期的沉淀，当年的那个小男孩终于成长为一个成熟的男人，那块石头却在这个时候到来了。石头是山的女儿，山和水是世界的起源。这块几百万年前就存在的石头，平凡普通却摧毁了原本的幸福。

从12月29日那一天起，这个躺在玻璃墙另一侧的男人就开始了另一段人生，属于迈克尔·舒马赫的另一段人生。命运三女神不敢剪断他的生命之线。尽管没有神敢反对她们对死亡的安排，但连她们中最强大的阿特洛波斯也没有勇气这样做。

法拉利的重生

他们终于做到了！时隔21年后他们又重新登上了F1这项运动的巅峰。失败和失望如今都成了过去时。从1996年转入法拉利车队开始到1999年因为撞断腿而痛失冠军，迈克尔·舒马赫，这个坦率的德国小伙儿在4个赛季的排位赛后最终完成了这项伟业。舒马赫在银石赛道撞车腿部骨折后，另一名赛车手接过法拉利一号车手的头衔，但因为他在最后一场比赛的失误让芬兰车手哈基宁卫冕成功。"下一次总该是法拉利夺冠了吧！"有人这样感慨道。可为什么还要等下一次呢？我们已经等了20年了啊！

车队中的每个人几乎都尝试过向冠军发起冲击：甚至连素有"教授"美名的阿兰·普罗斯特也尝试了。但是阿兰在他的道路

舒马赫：F1王者的传奇人生

上，更准确地说是在他的赛道上，遇到了另一个具有魔力的车手——埃尔顿·塞纳，当时他已经是普罗斯特在麦克拉伦车队的队友，但1990年两人却因在铃鹿赛道的第一个弯道发生碰撞而双双退出比赛。前一年日本站的比赛上普罗斯特拿到冠军，所以有人说塞纳是故意这样做，以报之前两人结下的仇怨。1989年倒数第二站的日本站比赛对想要拿到世界冠军的塞纳来说至关重要，为了拿到世界冠军，塞纳必须赢得那场比赛，他也确实是在全力以赴。对于普罗斯特来说，这当然不是什么好事：输掉比赛可不像是让一个平时不努力的学生把考试推迟到9月那么简单，而是相当于班里最差的学生留级一样糟糕。因此，普罗斯特也拼尽全力，誓跟塞纳一决胜负。当时塞纳正企图超越普罗斯特，却反跟对方撞上，两个人不得不都退出比赛。但是巴西人除了会跳热情的桑巴舞以外，他们的毅力也令人惊叹。塞纳又重新回到赛场上，并且率先冲过终点，冠军理应是他，但时任国际汽联主席的法国人让-马利·巴勒斯特却取消了他的资格，这让塞纳甚至想退出F1比赛。然而时间总会证明一切，1990年的比赛上我们依然看到了塞纳的身影。他依然在麦克拉伦车队，普罗斯特还在为法拉利车队效力：他之前有很多理由离开，但最后留下来却并没有成为法拉利的救世主。有个词叫"自食其果"，用来形容普罗斯特再合适不过了。或许连他自己也没有想到他的对手会是车神塞纳。在摧毁了法拉利车队的荣耀之梦后，塞

法拉利的重生

纳说道:"赛车运动就是这样。通往冠军的路很漫长,一场比赛是决定不了输赢的……"

无论是对于法拉利车队还是对于普罗斯特个人,自1979年以后都经历了多次失败,而1979年也是以荣耀开始,之后越来越艰难。报纸和书是这样形容这一年的:"1979年乔迪·斯科特为法拉利赢得了最后一个F1世界冠军。"这句话简直像是一个魔咒,深深困扰着法拉利车队。在南非车手乔迪·斯科特之后,吉尔斯·维伦纽夫本有机会为法拉利争得荣誉,但1980年是少数非常不幸的一年;之后的1982年,悲剧就降临到这位加拿大车手身上。迪德·皮洛尼在之前的赞德福特比赛中超过了吉尔斯,并随后加入法拉利车队成为冉冉上升的新星。德国站的比赛下起了大雨,但更悲剧的事还在后面。吉尔斯撞上了玛驰车队的约琛·马斯,而皮洛尼则撞上了普罗斯特。皮洛尼的赛车被弹入高空,导致皮洛尼双腿严重骨折,他的赛车生涯也因此结束。那场比赛的冠军被帕特里克·坦贝夺得,原本被安排协助他的迈克尔·安德雷蒂并没有发挥多大作用。对于法拉利车队而言,这又是一无所获的一年。

1985年,法拉利车队的米凯莱·阿尔伯雷特又向冠军发起了冲击。在马拉内罗站的最后几场比赛上,麦克拉伦车队的回归引起了法拉利车队的恐慌,他们决定将马达开到最高速,这让米凯莱丧失了夺冠的可能而只能屈居亚军。在此之后,伯杰、曼塞尔、普罗斯特、阿莱西都向冠军发起过冲击,均以失败告终,直到1995年。在这期间发生了两件对法拉利车队来说有着重大意义的事:第一件是卢卡·克劳德洛·迪·蒙特泽莫罗的回归,另一件是让·托德的加入。

从卡丁车开始

当人们还在马拉内罗苦苦寻找获得胜利的方法时,在夺冠梦想之外远离F1赛场的地方,有一个小伙子却和赛车结下了不解之缘,他就是舒马赫。舒马赫1969年1月3日出生在德国的赫尔姆海姆。1969年是法拉利历史上极为糟糕的一年,在那个赛季法拉利甚至放弃了部分比赛,并且在蒙扎赛道上佩德罗·罗德里格斯驾驶的还是前一年的赛车。但这些都即将成为过去,法拉利将迎来新的英雄般的人物。舒马赫的父亲罗夫在舒马赫还不满4岁的时候就开始教他玩卡丁车。那辆卡丁车其实非常简陋,是用一台旧锄草机改装而成。但就是这辆家庭改装的卡丁车让小舒马赫能够在晚上商店关门后在大街上练习开车,后来还开进了由父亲罗夫负责管理的一个卡丁车

舒马赫：F1王者的传奇人生

场的赛道上。但那辆卡丁车实在太简陋了，很快就不能满足小舒马赫的需求。这时他父母的朋友盖哈德·诺亚克注意到小舒马赫身上潜藏的运动天赋，深感震惊后送给了他一辆真正的卡丁车。有了这辆卡丁车，小舒马赫就能参与到真正的卡丁车比赛中去了，而不只是在家里给朋友们表演。

幸运女神并没有停止对这个F1未来之星的眷顾，连卡丁车场的员工都决定要为小舒马赫重修一条赛道。在那条赛道上，舒马赫继续用他的天赋震惊着观众，他也结识了一些当时已经在卡丁车界小有名气的车手，其中就有埃尔顿·塞纳，舒马赫当时还不知道将来他会对这个巴西人有更深的了解。转眼到了1980年，这一年阿兰·琼斯为威廉姆斯车队拿到了第一个F1世界冠军。对于当时的舒马赫来说，F1就像是看不懂的科幻片，毕竟他还只是一个爱和弟弟一起玩耍的小孩子。由于年纪太小的缘故，舒马赫甚至不能参加由德国官方认可的卡丁车比赛，因为按照规定，只有年满14周岁才能获得青少年卡丁车驾照。难道只能继续等待吗？可是舒马赫的父亲已经迫不及待地要让他的小赛车手站在一场真正比赛的赛道上一展英姿了。于是他想到了一个绝妙的办法：让舒马赫用卢森堡的驾照参加比赛，因为在卢森堡只要年满12周岁就可以考取驾照了。

1981年，舒马赫的职业生涯正式开始了。在商人尤根·里克尔

从卡丁车开始

的赞助下，舒马赫参加了几场比赛。而舒马赫的父亲，除了是发现儿子才华的伯乐外，还做起了儿子的经纪人。不幸的是，几个月后尤根赞助的钱就开始不够了，舒马赫只能用比对手差很多的装备继续比赛，甚至要积攒已经被使用过的轮胎——对那些没有预算问题的车手来说已经到达使用年限的轮胎。尽管如此，这些轮胎跑起来也还不错。

在父亲罗夫的努力下，舒马赫又得到了一些资助。就这样又过了两年，舒马赫终于吹灭了14根生日蜡烛，可以拿着驾照参加德国青少年卡丁车比赛了。1984年和1985年，他连续两年获得德国青少年卡丁车比赛冠军。舒马赫变得像生日蛋糕顶上的小樱桃那样受人瞩目。1985年他又在法国勒芒拿到了卡丁车世界亚军。

成功接二连三地到来，机会也随之增多。1986年，年轻的舒马赫参加了德国卡丁车比赛和欧洲卡丁车大赛，均斩获季军。此时他离巅峰只有一步之遥：事实上，下个赛季他又像一个富有经验的车手那样夺得了冠军，进入到了更高层次的赛车比赛当中。

1988年，还是因为经济问题，舒马赫不得不放弃福特方程式比赛，但在尤根·里克尔的帮助下，舒马赫最终同时参加了福特方程式比赛和国王系列赛，并在那个赛季的10场比赛中获得了9场胜利，并在难度最大的福特方程式比赛上获得了第六名。舒马赫的才华引起了威利·韦伯的注意，他在看到舒马赫在福特方程式比赛中从第

舒马赫：F1王者的传奇人生

七位逐渐追到第一位后，让他参加了德国三级方程式比赛：在那场比赛中，舒马赫以比其他赛车手快1分05秒的速度到达终点。1989年，舒马赫成为签约车手并得到佣金。在1990赛季，舒马赫最终获得季军，但这一年的开局并不顺利，舒马赫曾一度两次退赛，一开始的排名仅为第五。在霍根海姆赛道上，舒马赫结识了一位可怕的对手，两人后来又在F1比赛中相遇。这个人就是米卡·哈基宁，新晋英国F3冠军，在德国国王系列赛上他只参加了一场比赛并获得第一。

舒马赫本人也通过1990赛季的一系列比赛不断走向成熟。在C组比赛中，舒马赫作为梅赛德斯青年队的一员与奥地利车手约琛·马斯一起获得了墨西哥站的胜利。舒马赫还参加了该赛季在澳门举行的F3方程式大奖赛，在澳门他又遇到了哈基宁。那场比赛至今还饱受争议。哈基宁当时正和舒马赫并排行驶，哈基宁试图超过舒马赫却反被撞出赛道，与冠军失之交臂。从那场比赛开始，这位未来的F1霸主就明确知道，如果有人试图超越自己他该如何应对了……

凯旋的战车

新千年的到来象征着新时代的开始。对于法拉利来说是否也一样呢？没有人知道，但时机似乎已经成熟。舒马赫已经通过多场比赛证明了自己的实力：几年前他在贝纳通车队的时候就曾两次获得世界冠军。这个被人们习惯地称为"迈克尔"的德国人已经19次站在F1最高领奖台上了。在那之后他转投法拉利，在经历了一开始的低谷后他的状态慢慢变好，变得越来越有自信。但他还没有尝过终极胜利的滋味：那顶他向往已久的桂冠看来要等到新千年的第一个赛季结束时才能被收入囊中。

那我们现在该做什么呢？这是马拉内罗比赛之前存在于人们心中的疑问。在经历了长达20年的漫长等待后，此刻就让我们尽情享受胜利的喜悦吧。我们喝着，笑着，纵情歌唱着，连法拉利公司主

舒马赫：F1王者的传奇人生

席蒙特泽莫罗都学我们把红衫顶在头上。可是一场庆祝可以持续多久呢？对胜利的沉醉很快走到尽头，法拉利的红色依然耀眼，却不再有世界冠军的标志。几场特别报道过后，电视台也开始追踪比赛中的其他亮点了。但是法拉利的车手们仍然在坚持，在不断尝试。他们做到了。因为舒马赫是像车王莫克斯、球王贝利和拳王穆罕默德·阿里一样具有王者风范的车手。他就像罗马神话中统治宇宙的天神克洛诺斯一样吞噬一切，带着无法平息的欲望不断摧毁。希腊神话中，宙斯为了惩罚偷火的普罗米修斯，派了一只恶鹰来天天啄食他的肝脏，而他的肝脏又总是重新长出来。舒马赫取得的胜利就像普罗米修斯的肝脏一样，赢得了一个还会有下一个。位于马拉内罗的法拉利车间现在也已装备齐全：一流的设计师和工程师，还有值得信赖的职员。一切都是为了让胜利永留。法拉利仿佛化身为一辆欢欣鼓舞的战车，向着胜利整装待发……

舒马赫俨然是F1赛场上的阿喀琉斯，头戴钢盔，遇敌杀敌，他的出现搅动了整个F1赛场。在接下来的三年里，舒马赫获得了不计其数的胜利，第四年也会如此吧。也许先知荷马还预知到这位法拉利"车坛杀手"会把这股势头保持到第五年：2004年法拉利鲜艳的红色旗帜会在F1赛场的旗杆上飘扬得更高，如同舒马赫的名声那样远扬。在赛车场上，舒马赫总是将对手远远地甩在后面，不留给他们一丝超过自己的机会。

精英俱乐部

　　拉丁语哲言有云："尘世荣耀，终将消逝。"但属于这位德国赛车手的荣耀却难以估计。在横扫了一场又一场的大奖赛之后，舒马赫依然保持着旺盛的求胜欲。正因如此，他选择以更高的佣金和法拉利续约。他来到赛场，赢得比赛，返回车队，干脆利落如同恺撒。人们甚至不敢想象他何时才会停止。他会停下来吗？他会不再这样飞速疾驰吗？有一天他会不再赢了吗？对于舒马赫来说，停下来就意味着不再赢得比赛。当他离开F1赛场的那天他会拥有多少顶桂冠啊？那又会是多少场胜利？七八个世界冠军，加上大大小小几十个分站赛冠军。对于某些赛车手而言，这些数字仅仅意味着参加比赛的次数，但对于舒马赫来说，每参加一次比赛就意味着一场胜

舒马赫：F1王者的传奇人生

利。纵览F1历史上的其他重量级车手，如普罗斯特，他获得过4次世界冠军、51个分站赛冠军；塞纳获得过3次世界冠军、41个分站赛冠军；曼塞尔获得过1次世界冠军、31个分站赛冠军；皮奎特获得过3次世界冠军、23个分站赛冠军。他们都是当今车坛的王牌车手了。还有劳达、斯图尔特、克拉克、布拉伯汉姆，他们也曾多次获得过世界冠军。如果把F1比作一副扑克牌的话，那不同的花色就代表着不同的赛车手，红心、梅花、黑桃……不同的赛车手同场竞技才构成了精彩绝伦的F1比赛。直到阿根廷赛车手方吉奥的出现，为F1比赛增添了不一样的精彩，他赢得过5届F1世界冠军，这项纪录保持了近半个世纪（在他参加的51场大奖赛中一共获得了24个分站赛冠军）。也许F1这副牌的颜色没有以前那么鲜艳了？当然不是！每种花色都不缺少才能组成同花顺，同样地，每个车手都找准自己的定位车队才能获胜。从赛车到工程师再到其他工作人员，需要一整个团队的分工协作车队才能高效运转，单枪匹马是无法取得革命胜利的，在F1比赛中，单凭一个人的力量是无法创造纪录的。在马拉内罗，正是由于良好的团队合作，车队才能不断取得胜利。舒马赫之所以能够在F1赛场上独领风骚，除了他个人卓越的能力外，和整个团队的努力也是密不可分的。围绕着这位从科蓬来的"恺撒"组建起来的团队现在正不断向自身发起挑战，在等待新对手出现的过程中不断刷新着之前创造的各项纪录。

精英俱乐部

因此,舒马赫能取得胜利和他的团队密不可分。与之相反的是贝纳通公司,由于在F1赛场上表现不好,它的英国合伙人决定撤资,贝纳通只能重新回到特莱维索在它擅长的服装领域继续经营。而特利尔车队在被斯图尔特抛弃后,不仅没有再获得过世界冠军,更是陷入了一种缓慢的濒死状态,最终被市场淘汰,它的部分零件被用来制造另一款赛车Bar,但之后Bar也因为成绩不佳而被淘汰。而失去了皮奎特的布拉伯汉姆车队也开始走起了下坡路……

对于F1赛车手们而言,他们的命运和车队的命运息息相关,对于车队来说亦是如此。比如,方吉奥真的可以在7年之内拿到5个世界冠军吗?当然不可能,斯特林·莫斯的遭遇就证明了这一点,如果没有方吉奥,他本应该拿到三个世界冠军。之后又因为麦克·霍索恩,斯特林又失去了一个冠军。后者和罗斯伯格一起曾是法拉利历史上赢大奖赛赢得最轻松的车手。再回到F1霸主舒马赫身上,他现在已经刷新了每一项纪录,接下来只能向自己发起挑战了。优秀的团队加上性能优越的赛车,让舒马赫在F1赛场上所向披靡,但他的队友巴西车手鲁本斯·巴里切罗就没有这么幸运了,虽然和舒马赫一起并肩作战,但他的成绩远不像舒马赫那样得到认可(如果我们把他和舒马赫一样看作是像恺撒一样伟大的车手,对他来说可能是更大的伤害,公正地评价他在车队中的作用会令他更加开心)。

赛场风云

　　这一切意味着什么呢？是否意味着舒马赫的个人光芒太过强大而让F1没有看头了呢？当然不是！只需要求证于一些数据就会明白事实并非如此。比如F1的收视率就能证明F1仍然有着巨大的吸引力，尽管"对于其他赛车手来说只有争夺第二名的机会"（一些老车迷可能会记得这句话，当年是用来形容被称作"大吉姆"的吉姆·克拉克的，在事故发生前他一共参加了72场大奖赛，获得了25场比赛的冠军。试想一下，吉姆·克拉克凭借25场胜利就已经是一位具有统治地位的赛车手了，更何况被誉为"车坛霸主"的舒马赫呢？他在职业生涯中一共获得了91个冠军）。那么应该如何解释面对毫无悬念的比赛结果，观众依然保持着极大的热情呢？或许观众想看的

舒马赫：F1王者的传奇人生

不是谁会获胜，而是谁有可能会对舒马赫造成威胁。难以想象这个多项纪录保持者最终会创造出什么样的历史，对于大多数赛车手来说，能参加F1比赛已经代表着职业水平的最高点而不是起点了，F1给所有的工作人员，尤其是赛车手的荣誉和回报是巨大的。有一些赛车手，尽管从来没有获得过世界冠军，但其实力依然受到肯定（比如罗尼·彼得森，公认的当代最优秀的瑞典籍赛车手，1978年在蒙扎赛道丧生）。还有一些赛车手，甚至一次都没有获胜过，却仍然给人们留下了深刻印象，因为幸运女神在关键时刻缺席，让他们在弯道处发生意外（比如约琛·林特，1970年在蒙扎赛道丧生）。还有一些赛车手甚至连一次大奖赛都没有赢过，却依然被认为是法拉利的宠儿（比如科里斯·阿蒙，尽管是公认的当代最伟大的赛车手之一，却连一次大奖赛都没有赢过）。这些事实证明，没有幸运女神的眷顾是无法迈入F1冠军圣殿的。幸运女神来临时可能表现为让一场比赛的竞争变得不那么激烈，也可能是为某个赛车手获胜提供一系列有利因素：方吉奥在比赛中一方面面对激烈竞争，另一方面也拥有天时地利人和的有利条件。前文提到过的克拉克、斯图尔特、劳达、普罗斯特、塞纳等都是从激烈竞争中脱颖而出获得胜利的赛车手。不仅对赛车手是这样，对赛车和车队也是如此。总之，没有付出就没有回报。只需要翻阅年鉴就可以更加确定这一点。但对舒马赫而言，所谓的竞争只持续到1999年：在同时代的哈

赛场风云

基宁和麦克拉伦车队之后,再无人能对他构成威胁。对其他车手而言,夺冠可能性几乎为零。这里面既有赛车的因素,也有团队的因素,种种因素叠加在一起让夺冠成为无法实现的梦想。他们中有一些人本以为可以继续进步,继续上升,但面对舒马赫的超常才能和在冠军位置的持久蝉联,却只能停留在原地,难再突破,这不仅仅是舒马赫造成的,更多的是他们自身的原因。因为涉及隐私和出于体育精神的关怀,我们就不一一点出他们的名字了。F1管理公司总裁伯尼对此也束手无策,对于他们的车队也是一样,我们就不再详细说明了。

魔法先生

1991年，F1积分制度发生了变化：冠军积分由原来的9分变为10分，同时取消了积分差额制度。这样一来，赛车手在比赛中拿到的每一分都可能会影响到最终的排名。分数上的差距给比赛注入了新的活力，刺激赛车手们去争取更好的名次：和第六名相比，第二名变得更加有价值。

尼格尔·曼塞尔加入威廉姆斯-雷诺车队后，让·阿莱西加入了法拉利车队。而本田除了给麦克拉伦提供引擎外也开始给特利尔车队提供发动机，尽管这些发动机都是上一个赛季的。法拉利对米纳尔迪车队也采取了相同策略。这一年米卡·哈基宁代表莲花车队，迈克尔·舒马赫代表乔丹车队分别首次参加了F1比赛，而未来他们

舒马赫：F1王者的传奇人生

都将在F1历史上留下同样鲜明的个人印记。

　　1991年的首站大奖赛在美国凤凰城举行，阿莱西很快取得杆位——某位记者在报道时用意大利人名乔万尼来称呼这位法国赛车手，借此表达对赛车场上缺少优秀意大利赛车手的忧虑——但他仍无法抵挡塞纳和普罗斯特的进攻。15天后比赛转至巴西，在塞纳的职业生涯中，这是他第一次在家乡比赛，当他第一个冲过终点时，他像雄鹰一般发出胜利的欢呼——在现代科技的帮助下，全世界都听到了冠军的欢呼声。值得一提的是，塞纳是在获胜机会渺茫的情况下扭转局面最终夺冠的。圣马力诺站的伊莫拉赛道位于艾米利亚-罗马涅大区，这片土地因盛产年轮面包和发动机而出名，大区的旗帜是红色的，其中最鲜红的一抹当然是法拉利。普罗斯特在侦察地形的时候陷在了泥泞的草地中，阿莱西则在第三圈的时候冲出了赛道。（法拉利的名誉很大程度上将由米纳尔迪车队挽回，是它将马天尼和法拉利送上了第四名的宝座。）塞纳在这场比赛中先于伯杰车队到达，获得了该赛季的第三场胜利，而第三名则由莱赫托和意大利赛车制造商达拉拉获得。米卡·哈基宁获得了第五名。（塞纳在蒙特卡洛赛道上拿到第四个杆位，这也是他连续四次取得胜利：排在他后面的是威廉姆斯车队的曼塞尔和法拉利车队的阿莱西。）而法拉利总部却一直被阴云笼罩，暴风雨的中心是体育总监恺撒·费里奥，他在面对有"教授"之称的普罗斯特时，因态度傲慢、缺乏应有的尊重而遭舆论指责。加拿大站比赛的冠军由曼塞尔带领威廉姆斯-雷诺车队夺得。墨西哥站比赛的冠军则由帕特里斯获得。在法国站的比赛中，这名来自意大利帕多瓦的赛车手（帕特里斯）本想延续胜利，拿到杆位，但保特领先的却是法拉利车队的普罗斯特，直到曼塞尔渐渐逼近，他像厨师把铁叉插进烤鸡中一样在普罗斯特丝毫没有防范的情况下超过了他。特鲁里和巴里切罗好像也参加了法国站的比赛，但不管参加与否结局都只会是一样。只是"教授"是绝不会认为自己是那只可怜的烤鸡的。英国站的比赛还是曼塞尔夺冠，霍根海姆赛道也是如此。到了匈牙利站比赛的时候，曼塞尔和排在第一名的塞纳之间只剩下8分的差距，但塞纳通过努力扩大了领先优势，最终夺冠。

15天后的比利时站比赛上，22岁的年轻赛车手迈克尔·舒马赫首次征战F1的消息也占据了新闻报道的一角。他是代替贝特朗·加绍为乔丹车队参赛的——比利时赛车手贝特朗·加绍因为和一名伦敦出租车司机发生争执而入狱。舒马赫在排位赛中获得第七名，但进入正式比赛后却很快因为离合器故障而退赛。那场比赛塞纳获胜，但在蒙扎赛道上他却输给了曼塞尔。正是在意大利大奖赛上，舒马赫获得了他F1征程最初的积分，排到了第五，但此时他已经不再是乔丹车队的车手，而是被贝纳通车队挖走了。事实上，弗拉维奥·布里亚托利凭借自己的敏锐嗅觉，发现了德国新秀迈克尔·舒

舒马赫：F1王者的传奇人生

马赫具有非凡才华，他把罗伯特·莫雷诺解雇，将舒马赫招致麾下。布里亚托利出生于意大利北部库尼尔的一个小乡村韦尔佐洛，人虽其貌不扬，却具有极高的管理才能和敏锐的直觉。

葡萄牙站的比赛上，里卡尔多·帕特雷塞先于塞纳到达，获得冠军，曼塞尔却被取消了比赛资格。当时因为螺丝松动导致车上的一个轮胎脱落，曼塞尔违反比赛规则擅自把车停在另一个车队的修理站前让技术人员为他更换轮胎——这在威廉姆斯车队已经司空见惯了。舒马赫则获得了第六名。在巴塞罗那站的比赛上他仍然获得第六名，曼塞尔获得第一，此时他和塞纳的积分差距是16分。日本站的比赛过后，对于曼塞尔来说，想要超过塞纳几乎成了不可能完成的任务。在日本站的比赛上，曼塞尔本打算就此谢幕告别F1赛场，把舞台留给塞纳，让他顺利夺冠，可惜现实并非如此。塞纳把冠军拱手让给了伯杰，让伯杰拣了个大便宜。就在人们将澳大利亚大奖赛的看点寄托在法拉利车队上的时候，法拉利却突然宣布解雇普罗斯特。为此专门召开的新闻发布会被挤得水泄不通。"教授"普罗斯特曾将法拉利车队定义为一台牵引机，在阿德莱德，这辆牵引机却被一个名叫莫尔比代利·达·佩萨罗的赛车手引领。与其说是F1比赛，澳大利亚大奖赛更像是一场环海岸线风光赛——蔚蓝的大海，洁净的蓝天。比赛本来非常顺利，但在第十四个路口的时候却突然发生了意外。排在第六位的舒马赫在开到第五圈的时候突然翻车，他不得不和另外5名队友一起退出比赛。塞纳在事后也对那场比赛表示遗憾。

赛季结束。

第一次

1992赛季因为两位冠军车手的缺席而显得有些与众不同。和法拉利解约之后,普罗斯特度过了相对沉寂的一年,而皮奎特则彻底告别了赛道,没有仪式也没有庆祝。作为补偿,F1赛场迎来了一个女人:不是给比赛加油的啦啦队模特,而是一位女赛车手——乔万娜·阿玛蒂,连同她的车队布拉罕。没错,就是那个曾经获得过多项世界冠军也诞生过许多冠军车手的车队。可今时不同往日了,如今的布拉罕车队已经沦为劣等车队,只能勉强维持。乔万娜在这样的车队里完全没有争取名次的可能,在三次艰难的尝试后就被达蒙·希尔取代了。希尔的父亲格拉汉姆是两届F1世界冠军得主,分别于1962年和1968年两度问鼎F1,此外他还是赛车史上唯一一个三

舒马赫：F1王者的传奇人生

冠王得主，曾获得过F1冠军、印第安纳波利斯500大赛冠军和勒芒24小时耐力赛冠军。那一年的赛程从南非开始，曼塞尔第一个冲过终点。帕特里斯的亚军再次巩固了威廉姆斯-雷诺车队的霸主地位。墨西哥站的比赛情况大致相同，唯一的变数是冠军被舒马赫获得，这也是舒马赫首次登上分站赛冠军宝座。这场比赛中米卡·哈基宁和他的莲花车队同样表现不俗，在超过9名对手后获得了第六名。巴西站的比赛呢？不用说就知道冠军依然是曼塞尔。欧洲站的比赛结果也是一样，西班牙站和圣马力诺站的比赛也都是曼塞尔获胜，他的排名随之升至第二。蒙特卡洛站的比赛他也是一路领先，在离比赛结束还有8圈的时候却发生了一些小状况：当时因为左后轮胎漏气，曼塞尔需要去修理站更换轮胎，他刚开进修理站塞纳就借机超过了他，曼塞尔试图重新夺回第一名的位置，但是塞纳却严防死守，最终塞纳获得职业生涯中第五个摩纳哥大奖赛冠军，追平了格拉汉姆·希尔创下的纪录。

等到了加拿大站的比赛上，曼塞尔和塞纳间的对决却让两人均中途退赛，伯杰抓住机会超过贝纳通车队的舒马赫和法拉利车队的阿莱西最终夺冠。

法国站的比赛中，帕特里斯一路领先，但因为车队的规定他不得不给队友曼塞尔让路，让曼塞尔获得了该赛季的第六次胜利。被车迷热切地称为"狮子"的曼塞尔紧接着又横扫了英国站和德国站

第一次

的比赛。匈牙利站的比赛上,帕特里斯首位出发,但是坏运气却一直尾随着他。帕特里斯被塞纳超越,而曼塞尔因为轮胎漏气,最后几圈一路狂飙从第六位追到了第二位,拿到了对获得世界冠军至关重要的6分。就这样,11场比赛过后曼塞尔成了当年的世界冠军。这既是对他个人杰出才能的嘉奖,也是他所在的威廉姆斯–雷诺车队的荣誉。之后的比利时大奖赛对舒马赫来说相当于是主场作战。在F1首秀之后,舒马赫的首次成功也诞生在这条距家乡不远的赛道上。西班牙站的比赛上,面对劲敌曼塞尔和他的威廉姆斯–雷诺车队,舒马赫获得了第二名。加拿大站的比赛上他仍位列第二,澳大利亚站的比赛他也是紧随伯杰的麦克拉伦–本田车队第二个到达。巴西站、德国站、意大利站的比赛则见证了这名德国赛车手走上季军领奖台的过程。最终,曼塞尔拿到了该赛季的世界冠军,迈克尔·舒马赫以53分名列第三。

"教授"的四次冠军

奇怪的事发生在1993赛季：那一年没有产生世界冠军。尼格尔·曼塞尔退出，让位于同样不能忍受强劲对手的普罗斯特（当初在麦克拉伦车队时，普罗斯特曾和塞纳共同生活过一段时间，两人间屡次爆发不快："7点到8点浴室归我""不，归我""不要把你的臭袜子扔在沙发上""你才不要一到晚上就把冰箱里的东西都吃光呢"……总之，连麦克拉伦车队经理罗恩·丹尼斯都对他俩感到头疼）。普罗斯特的车号是2，他的队友达蒙·希尔从车队的测试车手上升为正选车手，接替了帕特里斯的位置（这样做也是为了让车队能像经理弗兰克希望的那样得到彻底革新），他的车号将是0。按照规定，只有世界排名第一的赛车手车号是1，而当年有资格拿到1

舒马赫：F1王者的传奇人生

号的是已经退出比赛的曼塞尔。

赛季一开始就发生了一件轰动性事件：威廉姆斯车队出人意料地没有在规定时间内向比赛组委会提交报名申请，因此被取消了参赛资格。可这怎么可能呢？原来，问题的关键在于国际汽车联合会本已计划禁止某些为赛车手提供的诸如防滑刹车系统和自动换挡等帮助，但是威廉姆斯车队经理弗兰克·威廉姆斯却不顾禁令继续使用（他的团队在这方面占有着大量资源）。最终，各方在伦敦召开的会议上达成共识，规定新的限制将从下个赛季起开始实施，才为争吵画上了句号。所有人都重新回到赛场，准备重新开始。从哪里开始呢？就从我们之前停下来的地方，从威廉姆斯车队独霸车坛那时开始吧。南非大奖赛上普罗斯特再次轻松获胜。

巴西大奖赛上，普罗斯特和威廉姆斯都因为受降雨影响而与冠军失之交臂，塞纳却在雨中如鱼得水。雨水也没有影响到舒马赫，他获得了第三名。多宁顿赛道的比赛同样受到大雨侵袭，普罗斯特再次遭遇滑铁卢，荣耀属于塞纳。伊莫拉赛道的比赛上，塞纳以领先其他赛车手一圈多的优势再次让威廉姆斯车队威名远扬，只有一个人除外：那就是舒马赫，他一直顽强地紧紧跟在塞纳后面，以只比他晚30秒的速度第二个到达终点。巴塞罗那大奖赛上又上演了同样的一幕，只不过这一次第二名是塞纳，第三名是舒马赫。摩纳哥大奖赛上，普罗斯特抢在绿灯亮之前就出发，作为处罚他不得不在

"教授"的四次冠军

维修区停下。正当他准备重新出发的时候,发动机却熄火了。经历了这样一番折腾,普罗斯特面临的形势十分严峻:他从维修区出来时已经掉到了第二十二位,奋力猛追之后拿到了第四名。那场比赛仍是塞纳获胜,这也是他在摩纳哥赛道上获得的第六次胜利,打破了之前由格拉汉姆·希尔创造的纪录;在塞纳之后,法拉利车队的达蒙·希尔和阿莱西分别先后到达。

从加拿大大奖赛开始,普罗斯特连续获得了4个大奖赛的冠军。舒马赫在蒙特利尔大奖赛上获得第二名,在法国大奖赛上获得第三名,在银石赛道和德国大奖赛上均获得第二名。匈牙利大奖赛上,因为给赛车加油时出现故障,舒马赫没能完成比赛。之后的比利时大奖赛上他又重回亚军领奖台(排位赛时莲花车队的赛车手亚历山德罗·扎纳尔迪发生了严重车祸),希尔获得冠军。蒙扎赛道的比赛舒马赫仍表现良好,但后来却因意外中断了比赛。葡萄牙大奖赛上,舒马赫打败所有对手,重新品尝到了胜利的滋味。日本大奖赛上,舒马赫在第十圈发生意外,冲出了赛道,塞纳获得冠军。澳大利亚大奖赛上历史重演,塞纳夺冠,舒马赫出局。当年的世界冠军获得者是普罗斯特,这是他第四次获得这项荣誉。当时比他获得过更多世界冠军头衔的只有方吉奥一人。接下来的一年,威廉姆斯车队经理弗兰克·威廉姆斯又给车迷们准备了另一个惊喜:告别了普罗斯特,塞纳来了。曼塞尔不再是唯一一个以世界冠军身份离开车队的赛车手了。新的调整也反映出弗兰克·威廉姆斯在面对恩佐·法拉利（他也曾用他生产的赛车让任何想要获胜的赛车手获胜）和埃尔顿·塞纳时不断增长的野心。此时的塞纳正处于夺冠危机中：他已经两年没有拿过世界冠军了。此外，塞纳还创造了F1的一条新定律：只有最棒的赛车手才能驾驶最棒的赛车。那么，谁是最棒的赛车手呢？当然是塞纳。最棒的赛车又是什么呢？当然是威廉姆斯。答案显而易见。

舒马赫登场，再见塞纳

转眼到了1994年，之前已经宣布过的有关减少电力使用的规定终于在赛季之初开始实施，给赛车加油从此可以在比赛过程中进行了。至于赛车手方面，用塞纳的话来说，本来只是候选车手的米卡·哈基宁因为表现优异得到晋升，成为仅次于马丁·布伦德的麦克拉伦车队正式车手。

冠军争夺赛由巴西开始：塞纳拿到杆位后前21圈一直处于领先地位，直到舒马赫采取绝佳战略，利用塞纳加油的间隙一举超过了他。第二场日本站的比赛上，塞纳再次抢到杆位，但在第一个弯道处他的车偏驶后与哈基宁和拉里尼的车发生碰撞。比赛最终的获胜者仍是舒马赫。

舒马赫：F1王者的传奇人生

　　之后到了伊莫拉赛道，那个周末是F1历史上最黑暗的一个周末：星期五的比赛中，巴西赛车手鲁本斯·巴里切罗在一个以危险著称的弯道处以220km/h的速度冲出赛道。事故极其严重，鲁本斯的车飞出赛道后直接撞在了防护杆上，万幸的是，鲁本斯本人只是胳膊受伤。然而幸运女神似乎停止了对这片赛道的看护。一天之后的星期六，奥地利赛车手罗兰德·拉森伯格的赛车在行驶过程中，前定风翼脱落卡入了赛车底盘，当时他正以300km/h的速度高速行驶，在进入维伦纽夫弯之前重重地撞在了一侧的水泥护墙上。剧烈撞击后赛车前后部完全损毁，拉森伯格经抢救无效后死亡。悲伤低落的情绪笼罩了整个赛场，塞纳似乎是受打击最大的一个，但是比赛仍得继续。第二天的比赛仍是威廉姆斯车队的塞纳第一位出发，与他并驾齐驱的还是老对手迈克尔·舒马赫。塞纳本以为一切尽在自己的掌握之中，可他没想到的是，尽管拥有最好的赛车和最娴熟的驾驶技术，他还是被这个初出茅庐的德国小伙子PK掉了。面对塞纳，舒马赫没有流露出丝毫畏惧的神色，出色的表现反而引得塞纳犯了新手才会犯的错误。在伊莫拉，普通车手和专业级别车手之间的差距非常明显。赛场是以实力论输赢的地方，同场竞技，实力上的差距变得更加明显。有人写道：要让F1历史上最近10年出现的新一代赛车手们的价值得到肯定仍需要时间，但毫无疑问，他们是前进的一代。塞纳当年的另一位对手普罗斯特，如今已经退役

舒马赫登场，再见塞纳

了，他和塞纳的关系也因此由过去的竞争对手变成了现在的互相欣赏和互相尊重。塞纳甚至在比赛开始前对普罗斯特说："阿兰，我很想念你。"这令普罗斯特颇为动容。现在离比赛开始只剩下最后的几秒钟了，还有几秒钟F1大奖赛就要将属于塞纳的一切都还给他。舒马赫还可以再等等，他还年轻，有朝一日他也会有机会赢得属于他的世界冠军。这一次，机会属于塞纳。各就各位，出发！塞纳第一个冲出起点，舒马赫紧随其后。当跑到坦布雷洛弯道时，塞纳直冲出去撞在了防护墙上：坦布雷洛弯道与其说是一个赶超对手的机会，不如说是迫使车手们提前减速的地方，因为这里弯急危险，很多车手不得不先减速以求安全度过弯道再加速追赶。塞纳的头盔一侧被撞得凹了进去，而他自己则躺在那里再也没能站起来。当时是下午2点17分，赛车的外壳和头盔都还算完整，一节悬架拉杆却穿过头盔上唯一的缺口刺进了塞纳的头颅。再差几毫米情况也许就不一样了。可现实不存在假设，塞纳仿佛是被枪击中的骑士，一动不动地倒在了那里。他的历史结束了，另一段传奇却悄然上演。

那一届的大奖赛上，莲花车队和贝纳通车队均有车手受伤，一位叫米纳尔迪的技术人员还被阿尔伯雷托车上掉落的轮胎砸到。当时阿尔伯雷托刚在加油站加完油，一个轮胎掉了下来正好砸中米纳尔迪，而那一周接连发生的悲剧也让阿尔伯雷托最终决定离开F1。

比赛的结果是舒马赫获胜，这也是他F1生涯拿到的第五个分站

舒马赫：F1王者的传奇人生

赛冠军以及本赛季第三个分站赛冠军。蒙特卡洛站，周四进行的排位赛上悲剧再次重演：索伯车队的赛车手卡尔·温灵格以270km/h的速度从隧道驶出后没有进入急弯而是撞在了防护墙上。几天后，卡尔才从昏迷中苏醒过来，虽然没有生命危险，却再也不能重返F1赛场了。不用说，那场比赛还是舒马赫获胜。现在谁还能够让他停下来呢？威廉姆斯车队的车手达蒙·希尔想试一试：巴塞罗那大奖赛上，达蒙获胜，但加拿大大奖赛则还是舒马赫夺冠。

法国大奖赛和英国大奖赛上，希尔设法与舒马赫争夺冠军。德国大奖赛上因为伯杰的缘故，人们在赛场上重新看到了法拉利的身影。在一场碰撞中，10辆赛车全部出局，而贝纳通车队的另一名赛车手维斯塔潘在给赛车加油的过程中，赛车突然起火。维斯塔潘本人没有受伤，但5名工作人员均受轻伤。匈牙利大奖赛也是全程由舒马赫主导，好像赛道只是为他一人而设的一样。但是到了他实际意义上的故乡比利时，舒马赫却意外受到屈辱：他被取消了参赛资格。在赛前的技术检测中，舒马赫赛车底盘上的一小块木质滑块被检测出不符合要求，实际比规定的薄了2毫米。因此那场比赛希尔获胜，拿到了属于冠军的10分。但在蒙扎赛道的比赛上，达蒙·希尔没有借任何人被取消参赛资格的东风，完全凭实力拿到了冠军，之后的葡萄牙大奖赛也是希尔夺冠。现在达蒙·希尔和迈克尔·舒马赫在排名上只有1分的差距了。赫雷斯站的比赛上，达蒙在舒马赫之

舒马赫登场，再见塞纳

后第二个到达终点，他与舒马赫之间的比分差距却再次被拉大。但在接下来的日本大奖赛上情况却发生了大逆转。

那个赛季的最后一场比赛在阿德莱德举行，这场比赛将决出当年的世界冠军，同时这又是一场舒马赫与达蒙·希尔之间的巅峰对决。达蒙一直紧紧地跟在舒马赫后面，直到第36圈时，舒马赫没有很漂亮地从一个弯道出来，导致紧随其后的达蒙·希尔撞在了外墙上。这场意外让舒马赫终止了比赛，希尔仍试图继续，但当他行驶到加油站时，技术人员觉察到之前发生的事故对车辆造成的损害，要求他必须停止比赛。舒马赫因此成了当年的世界冠军，同时也是第一个获得世界冠军的德国赛车手。这一切仿佛早就被安排好了一样：从乔丹车队的首秀，到一年以后的第一场胜利，之后的第二场、第三场……直到最后的世界冠军！这个头衔对舒马赫来说，更多的是对他个人杰出才华的充分肯定，甚至连塞纳生前都越来越多地感受到来自这个德国小伙子的压力。总之，1994年是F1历史上不同寻常的一年，这一年既目睹了巨星塞纳的陨落，也见证了舒马赫光芒四射的成长。

两次获得冠军

塞纳的"牺牲"使1995年的一级方程式比赛变得更加安全：国际汽车联盟积极介入到赛车中，要求制造商在制造赛车时不仅仅考虑设计，也要注重材料的选择。

首场F1比赛在巴西举行，这也是我们上个故事中断的地方。在这场比赛中，值得一提的是舒马赫在赛车界不可撼动的地位，以及他被取消比赛资格的不幸：到达终点的几个小时后，灾难降临在舒马赫和科特哈德头上，因为他们所用的汽油不符合比赛规则。

因此这场比赛的冠军自然是贝加。但这个故事并没有结束，几个月后，由于舒马赫和科特哈德所在的两支队伍的上诉，组织方对其分数进行了重新排名：舒马赫第一，科特哈德第二，贝加第三。

舒马赫：F1王者的传奇人生

但这只是部分免除其不正当使用汽油的责任，因为分数只归给赛车手，而非团队：这真是一级方程式历史上的一件奇事啊！

4月9日，在阿根廷的比赛中，大卫·科特哈德获得了他的第一个杆位。正式比赛中，阿莱西领先整整7圈，法拉利的粉丝们都认为他会夺得冠军。但最后他落后希尔，位于舒马赫之前。

比赛来到伊莫拉市。由于塞纳的事故，比赛路线发生了重大改变。舒马赫夺得杆位，在他身旁的是法拉利赛车手贝加。正式比赛中，贝加一直是第一名，但在进站加油时，他驾驶的法拉利马达熄火，这期间所浪费的时间得以让希尔和阿莱西反超。最后希尔第一个到达终点，赢得冠军。

在西班牙和摩纳哥蒙特卡洛大奖赛时，舒马赫再次夺得冠军。加拿大的比赛中，阿莱西在众人的期待下，摘得早就该属于他的桂冠。让·阿莱西，这个带有意大利阿尔卡莫市血统的赛车手，驾驶着他的法拉利赛车夺得了人生中第一个大奖赛冠军——第一个也是唯一一个冠军，之后他再也没能超越这次成绩，这是属于法拉利赛车手的胜利。而舒马赫在离终点还剩12圈时，其驾驶的贝纳通赛车发生故障，错失冠军。法国大奖赛上，一切归于正常：舒马赫排名位于希尔和科特哈德之前。

英国大奖赛上，舒马赫依旧驾驶贝纳通赛车，但并没有获得冠军。他的队友英国人约翰尼·赫伯特第一个到达终点。事实

两次获得冠军

上,舒马赫在到达终点前一直居于第一,因为希尔超车,舒马赫为了保护自己而偏离跑道,正好给了约翰尼超过他的机会。

德国站,希尔夺得杆位,但在第一圈因事故而退出比赛,舒马赫再次获得冠军,紧跟其后的是科特哈德和贝加。

匈牙利站,希尔夺得冠军,第二名是科特哈德,贝加位居第三。

比利时大奖赛前,所有的车队都处于躁动状态,努力为下一个赛季寻求最优秀的赛车手。法拉利车队在此时谋得很大利益:从贝纳通车队买进舒马赫。作为交换,贝加和阿莱西将去贝纳通车队。阿斯卡里和努瓦拉里在度过最辉煌的职业生涯后离开法拉利,最终埃迪·埃尔文成为舒马赫的队友。而舒马赫加入法拉利车队的同时,也带来贝纳通一半的资源,其中就包括后来为法拉利车队效力的设计师罗斯·布朗,他在F1比赛中战功累累。

威廉姆斯车队的雅克·维伦纽夫,是杰出的赛车手吉尔斯之子,他在美国赢得盛誉并获得500英里比赛冠军后,也将加入到F1比赛中。比利时的斯帕赛道上,比赛令人振奋,舒马赫从第十六名慢慢将比分追平,最后第一个冲到终点的格子旗。比赛中再次发生意外:埃迪·埃尔文的赛车在维修区内着火,所幸救援人员及时赶到,没有造成任何严重后果。

在意大利的蒙扎赛道上,英格兰赛车手科特哈德从杆位出发,

舒马赫：F1王者的传奇人生

显然他并不喜欢这次比赛，在暖胎圈时就跑出赛道终止比赛。那为什么还要来这里浪费时间呢？生活中还有许多其他的事可以做，比如去陪陪他当时的女友——经常围绕在他身边的"火辣"模特中的一个。舒马赫不喜欢被女性干扰，他在比赛中一直遥遥领先，希尔紧随其后。希尔的猛烈追击最终导致他和舒马赫的被迫退赛。与此同时，乘胜追击的是两名法拉利赛车手。所有人都期待着法拉利战队能一举夺下前两名，毕竟从1988年后，法拉利车队就再也没有取得过这样的好成绩。但事与愿违，首先是贝加，其次是阿莱西，都纷纷退赛，赫伯特夺得冠军，没有辜负贝纳通车队主管布里亚托利的期望。葡萄牙大奖赛上，威廉姆斯车队的科特哈德打败舒马赫和希尔，迎来他职业生涯首次F1大奖赛冠军。

欧洲大奖赛上，达蒙·希尔退赛后，舒马赫和阿莱西之间展开了精彩的角逐。对于法拉利赛车手而言，这场角逐也代表着法拉利的两个不同时代：阿莱西（现常常被人称为吉恩）为代表的过去和即将由舒马赫引领的未来。结果自然是舒马赫获得冠军。

太平洋大奖赛上，科特哈德再次夺得杆位，并在比赛中一直保持良好的成绩，直到舒马赫超过希尔和阿莱西，并追赶上他，夺得冠军。取得一次冠军俨然不错，而舒马赫已是多次获得大奖赛冠军。因此在本赛季末前，舒马赫驾驶着贝纳通赛车第二次将冠军收入囊中，获得世界冠军的称号。本次贝纳通车队采用雷诺引擎而非

两次获得冠军

一年前的福特引擎。

此外,舒马赫还在其他大奖赛上获得胜利。日本铃鹿赛道上,舒马赫超过哈基宁和赫伯特夺得冠军。贝纳通在此次比赛中斩获14分,夺得车队总冠军。

1995年的最后一次大奖赛在澳大利亚的阿德莱德举行。练习赛中,麦克拉伦车队的芬兰选手哈基宁撞上赛道边上的围墙。这场事故的原因是因为其驾驶的赛车左后轮突然失去胎压。撞击十分猛烈,哈基宁在驾驶室里失去意识。所幸救援十分及时,哈基宁被送往皇家医院重症监护室进行治疗。当时他陷入昏迷状态,情况危急。一级方程式比赛再一次被中止,谁都没有忘记去年5月份发生的悲剧。三天后,米卡·哈基宁逃脱死神的魔爪,他睁开双眼,活过来了。终有一天他会再次站到赛道上。至于比赛,这一次的冠军是希尔。

重金聘用的舒马赫

新的赛季,新的平衡和新的队伍。一切新的改变从法拉利车队开始:舒马赫和埃尔文取代贝加和阿莱西这对绝佳组合(尽管并不是意大利人,但他们长时间待在马拉内罗)在法拉利的位置。新车队的见面会上,有"律师"之称的菲亚特董事长,都灵人乔瓦尼·阿涅利面对法拉利主席卢卡·克劳德洛·迪·蒙特泽莫罗,带着萨沃依口音,用一种几乎是责备的口吻说道:"卢卡……我们有最好的团队,最好的队员舒马赫。我们是花巨资把舒马赫请来的,对吧?你应该想着如何赢得比赛。"

一句话,两个嘲讽,一是针对花了大价钱把舒马赫从贝纳通买到法拉利的卢卡,二则是针对投入了巨资想让其为法拉利赢得冠军

舒马赫：F1王者的传奇人生

的舒马赫。现在要做的就是重新开始比赛，获得胜利！

1996年的首个大奖赛在澳大利亚的墨尔本举行，而不是让哈基宁险些丧命的阿德莱德。像很多伟大的赛车手一样，雅克·维伦纽夫第一次参加一级方程式比赛就获得首杆的好成绩。让我们拭目以待吧。这位优秀的加拿大赛车手甚至可能赢得比赛。事实上，在离终点还剩5圈的第53圈时，维伦纽夫一直处于领先的位置。但在第53圈时，他所驾驶的赛车漏油，迫使他降低行驶速度，第一名的位置只能拱手让给同队的达蒙·希尔。位于这两位威廉姆斯赛车手之后的是法拉利新赛车手埃迪·埃尔文。而法拉利重金聘用的舒马赫呢？好吧，因为刹车的问题，他只能与冠军失之交臂。

第二站在巴西举行。多变的天气对前法拉利赛车手阿莱西十分有利，他在此次比赛中驾驶着贝纳通赛车获得第二名。第一名则是希尔，是的，他再一次站在了最高领奖台上。而这次希尔的胜利还得"多谢"其队友的一个失误——一直领先的队友突然偏离赛道，这让希尔摘得桂冠。而法拉利重金聘用的舒马赫呢？好吧，他获得了第三名。

在阿根廷站，希尔第三次夺得桂冠。维伦纽夫和阿莱西分别获得第二、第三名。而法拉利重金聘用的舒马赫呢？因其他赛车手在超越布伦德时激起的碎石击中其赛车后翼，舒马赫只能被迫退赛。好吧，可怜的舒马赫！

重金聘用的舒马赫

欧洲大奖赛在纽博格林赛道举行，希尔拿到首杆，但他出发没多久就失利，退居好几位选手之后，这给其他选手争夺第一创造了良好机会。最后是加拿大选手维伦纽夫第一个冲向终点，赢得他职业生涯的首个F1冠军，跻身世界顶级赛车手之列。

伊莫拉赛道上，舒马赫夺得杆位。法拉利粉丝们在多年等待后满心期待舒马赫的胜利。但出乎意料的是，舒马赫一开始就出错。天哪，他可是法拉利重金聘用的选手啊！苏格兰赛车手科特哈德利用此次机会，超越舒马赫，占据第一的位置，直到其赛车齿轮出现问题，才被迫退赛，将冠军的宝座让给了希尔。舒马赫位居第二，贝加获得第三名。摩纳哥蒙特卡洛赛道上，舒马赫的排位赛排名名列前茅。

事实上，在摩纳哥站的排位赛中舒马赫就获得杆位。遗憾的是，他的比赛只持续了40秒。这距离洛伊斯和波特弯还有相当长的距离。舒马赫不是雨中驾驶赛车的高手吗？（毕竟法拉利是重金聘用他的啊……）然而，并不是只有他一个人失利，希尔和维伦纽夫也很快退出比赛。最后，出乎意料的是驾驶着里基尔赛车的法国选手潘尼斯摘得桂冠。

接下来的比赛在西班牙的巴塞罗那赛道上举行。维伦纽夫获得杆位。那天下起了滂沱大雨，这对舒马赫来说不是更有利吗？是的，虽然舒马赫的起跑很糟糕，但是随后便发生逆转，他不断赶超其他选手，超越维伦纽夫排到第一名，一直领先到比赛结束。都灵的乔瓦尼·阿涅利终于看到他所期望的胜利，说道："我想要看看，我们重金聘用的舒马赫，会带给我们什么……"这是1996赛季法拉利获得的第一场冠军，这场胜利并不只是一次简单的个人秀，它充分展现了一个优秀赛车手在恶劣条件下仍能脱颖而出的非凡能力。（那么我们在前面多次提到的"重金聘用的舒马赫"这样的话似乎显得不那么恰当了。）

接下来是加拿大大奖赛，希尔获得冠军，队友维伦纽夫斩获第二。舒马赫被迫退赛，因其在进站加油后，从修理站出来时，其赛车半轴出现了机械故障。对于法拉利来说，1996年真是充满了太多的出其不意啊！

法国大奖赛上再一次出现这样的格局：希尔第一，维伦纽夫第二，阿莱西第三，贝加第四。雷诺汽车制造商生产的四辆赛车分别斩获前四名，这也是其在法国主赛场取得的出众成绩。舒马赫呢？因其赛车发动机着火的原因只能与冠军失之交臂。在发动机燃烧的烟雾中，也燃尽了他获得杆位、冲向胜利的梦想。

英国站，维伦纽夫获得第一名。而希尔在自己的家乡英国，却不幸退赛。紧跟在维伦纽夫后面的是贝加和哈基宁。是的，哈基宁已经从阿德莱德事故中完全康复了。这一次，法拉利车队的战绩又不尽人意：虽然这次舒马赫的排位赛成绩为第三，但因其赛车液压系统的垫圈出现问题，导致他的胎压为零，在驾驶三圈之后，他只

重金聘用的舒马赫

能遗憾退场。现在距离赛季末还有6场比赛，排名第一的是希尔，他的分数比他的队友维伦纽夫多15分。

德国站，希尔再次获得杆位，但是他的起跑很糟糕，很快就被贝加超越，并一直处于领先地位。在离终点还剩3圈时，他驾驶的贝纳通赛车出现引擎故障，迫使他降速，希尔趁此机会超越贝加，夺得桂冠。维伦纽夫则获得第三名。在之前三次灾难性的比赛后，舒马赫终于看到了终点线，虽然他也只是获得了第四名。此前，法拉利对引擎进行了一些改进，这样至少可以让参赛选手顺利到达终点。这次引擎改进的目标并不在于获胜，而在于到达终点。这样的哲学理念自然和舒马赫求胜的心理相悖，也让这位世界冠军意识到自己需要更加努力，终有一天，为法拉利车队夺得冠军。

在匈牙利，维伦纽夫终于超越自己的队友希尔，赢得比赛。威廉姆斯车队现已获得16分，获得一级方程式车队世界冠军称号。而在这次比赛中，舒马赫获得杆位，如所有的法拉利车队粉丝一般，舒马赫本人也期待着自西班牙大奖赛后再次获得冠军。但在进站加油后，他失去了领先位置，而在离终点只有7圈的时候，因其加速器故障被迫停车，与冠军再次失之交臂。

在比利时站，维伦纽夫获得杆位。但这一次，舒马赫发挥出色，在离终点11圈的时候占据第一名，并一直保持到最后，取得冠军。胜利的号角终于再一次在法拉利车队响起！

舒马赫：F1王者的传奇人生

接下来是意大利站。许多法拉利的忠诚粉丝聚集在蒙扎赛道，翘首企盼，期待在这场比赛中法拉利车队能斩获桂冠，而舒马赫没有让他们失望。尽管在一开始，威廉姆斯车队领先于他：达蒙·希尔和维伦纽夫都位于舒马赫之前，并且希尔领先维伦纽夫。但是最后他们都抱憾离场。舒马赫迅速进站加油，在维修站的时候超越法国选手阿莱西，最终获得第一名，阿莱西位居第二。

意大利布里安扎的一个周末，威廉姆斯车队宣布1997赛季将聘用海因茨-哈拉尔德·弗伦岑，希尔被迫只能去飞箭车队。葡萄牙大奖赛上，希尔在排位赛中获得首杆。但是在正式比赛中，维伦纽夫发挥更出色，成为赛场上的主角。刚出发时，维伦纽夫在第二名至第四名之间徘徊，但最终，他奋力追赶，超越舒马赫。在到达终点前的一个拐弯处，维伦纽夫在舒马赫外侧，该区域的驾驶速度为220km/h，且当时赛车侧向加速度能达到可以扭断人脖子的程度。维伦纽夫在这个危险的区域超越了舒马赫，并且幸运的是，他驾驶的威廉姆斯赛车也没有分崩离析（从中也可以看出法拉利车队和威廉姆斯车队在技术上的巨大差距）。在接下来的比赛中，维伦纽夫成功超越阿莱西和希尔，获得第一名，而舒马赫在此次比赛中获得第三的成绩。1997赛季还剩最后一场比赛，维伦纽夫和第一名的希尔之间还相差9分。

1997年世界一级方程式锦标赛的最后一站在铃鹿赛道举办。维伦纽夫获得首杆，但是如以往一般，一开始并不顺利，他的名次

重金聘用的舒马赫

滑落到第六位。但这并不是最糟糕的，当他进站加油想把比分追回时，其驾驶的赛车的左后轮从驾驶座方向飞出，这是威廉姆斯车队最为离奇的事故之一。在这次比赛中，获得冠军的依然是希尔，他因此获得职业生涯第一个F1世界冠军，紧随获得两次世界冠军的父亲 格拉汉姆·希尔之后。舒马赫位居第二名，现在他迫不及待地想要好好准备，为下一次比赛打下坚实基础。毕竟，舒马赫是为冠军而战的勇士。

这真是羞耻！

1997年两支新生车队进行首秀。第一支是由赢得三届车手总冠军的斯图尔特创立的斯图尔特车队，第二支则是由四度获得世界冠军的法国人阿兰·普罗斯特创立的普罗斯特车队。至于赛车手，乔丹车队第一次派出舒马赫的弟弟拉尔夫上场。意大利赛车手加诺·特鲁里也将自己的F1首秀交给了新秀车队普罗斯特。比赛时除了使用日本产的普利司通轮胎，还重新采用了固特异提供的车轮。

麦克拉伦车队在这一年采用梅赛德斯-奔驰的引擎，因此将车身从传统的万宝路红白色改为银灰色。毕竟，银灰色是麦克拉伦车队赞助商奔驰总部斯图加特的官方颜色。

这一年世界一级方程式的首站于3月9日在澳大利亚举行，夺冠的是以新面貌出现的麦克拉伦车队。比赛中，威廉姆斯车队的维伦纽夫获得杆位，但因法拉利车队的埃尔文操作失误，引起猛烈冲击，最终导致维伦纽夫被迫退赛。这场比赛中，麦克拉伦车队的科特哈德取得第一名，舒马赫第二，哈基宁第三。

巴西站，维伦纽夫从首杆出发，但在中途被舒马赫超越。维伦纽夫在第一个转弯的时候，受到了因故障原因停在赛道中间的巴里切罗的影响，在拐弯时不可避免地冲出了赛道。重新出发后，维伦纽夫奋起直追，离终点还有一圈的时候，他再一次成为第一名，并将这个好成绩一直保持到比赛结束。第二、第三名分别被贝加和潘尼斯斩获。而舒马赫在这次比赛中只获得第五名的成绩。

阿根廷站，维伦纽夫在众望所归中再次获得首杆的好成绩。当这位加拿大赛车手冲刺时，舒马赫却因为与潘尼斯和巴里切罗发生碰撞，在第一个拐弯处就被迫退赛。法拉利另一名队员埃尔文，紧随维伦纽夫之后获得第二名。舒马赫获得第三名，不过这个舒马赫并不是迈克尔·舒马赫，而是他的弟弟拉尔夫·舒马赫。这也是他第一次登上F1的领奖台。

伊莫拉站，维伦纽夫第四次在大奖赛上获得杆位，但因为齿轮变形只能退赛。获得第一名的是威廉姆斯车队的另一名选手弗伦岑，他第一次登上了大奖赛的最高领奖台。法拉利赛车手迈克尔·舒马赫和埃迪·埃尔文分别获得第二、第三名。

这真是羞耻！

蒙特卡洛的排位赛上，弗伦岑摘得首杆，舒马赫位居第二。让人出乎意料的是，费斯切拉居然位于维伦纽夫之前，获得第三；维伦纽夫则排名第四。比赛没过多久就下起了雨。除了威廉姆斯车队依旧使用干胎外，所有的车队都决定换上中性胎。随后发生的事情很快证明威廉姆斯车队做出了一个多么致命的错误决定：他们的两名选手弗伦岑和维伦纽夫很快陷入危机。而舒马赫正是利用这次机会，超越弗伦岑，摘得第一。巴里切罗和埃尔文分别获得第二、第三名。法拉利凭借其领先的分数，终于在多年后，成为一级方程式车队总冠军。对舒马赫的额外"照顾"渐渐有了回报……

西班牙站，维伦纽夫赢得第一，潘尼斯和阿莱西分别获得第二、第三名，舒马赫抱憾，只获得第四名。但在加拿大站，维伦纽夫在第二圈时就撞上维修站的墙体，退出比赛。舒马赫成为这场比赛的领军人物，这意味着他在法拉利车队的新起点。但不幸的是，在离终点还剩15圈时，法国选手潘尼斯遭遇了一场可怕的赛车事故，F1委员会决定中止比赛，让救援人员对其进行及时的救援。幸运的是，潘尼斯躲过了死神，奇迹般地活了下来，只是他的双腿因事故而骨折。

接下来的法国站，舒马赫继续保持自己的优势：获得杆位，超越弗伦岑，赢得比赛冠军。在世界冠军总分排行榜上，舒马赫领先

舒马赫：F1王者的传奇人生

第二名的维伦纽夫整整14分，进一步巩固了自己在世界一级方程式的领导地位。

英国银石国际赛道上，一开始处于领先地位的舒马赫本将被哈基宁超越，但不幸的是，哈基宁因奔驰引擎故障，被迫提前退赛。最终维伦纽夫第一个到达终点，紧随其后的是阿莱西和伍尔兹。伍尔兹效力于贝纳通车队，临时替代贝加。

1997年7月27日的德国站，因呼吸道感染而缺席之前比赛的贝加重回赛场，成功夺得首杆。在比赛中贝加超越舒马赫，摘得桂冠。而维伦纽夫却因比赛中的一个意外而抱憾离场。

匈牙利站，达蒙·希尔一直处于领先地位。但在离终点还剩两圈的时候，因其驾驶的飞箭赛车第三挡位故障，无缘冠军。他的前队友兼竞争对手维伦纽夫斩获第一名。舒马赫获得第三名，位于其弟拉尔夫之前。

比利时站，在排位赛中，阿莱西获得首杆，维伦纽夫和舒马赫分别获得第二、第三位。离正式比赛开始还剩半个小时的时候，天空中下起了雨。在安全车的指引下，比赛正式开始。舒马赫换上中性胎，维伦纽夫则选择雨胎。但在当时的环境下，舒马赫明显占优势，轻松超越维伦纽夫后，成为赛道上的第一名。紧随其后的是费斯切拉。而维伦纽夫则退居第十八位。换胎后，维伦纽夫奋起直追，但也仅仅取得第六名的成绩。蒙扎赛道上，阿莱西获得杆位，这真是羞耻！

但在比赛时，他的运气并不佳，最后只能屈居科特哈德之后，获得第二名。维伦纽夫位于舒马赫之前，获得第五名。

在奥地利，舒马赫一直处于领先地位，但在第37圈时，他犯了一个错误：在举黄旗的情况下他依旧超车，立刻被判为黑旗，名次降到第九位。最后舒马赫将名次追回到第六位。

卢森堡站，排位赛中，米卡·哈基宁驾驶着他的麦克拉伦赛车第一次获得杆位。但在出发后，拉尔夫·舒马赫一直处于领先地位，这让弗伦岑颇为恼火。弗伦岑对拉尔夫进行碰撞，而拉尔夫的赛车则撞击到哥哥舒马赫的赛车上，导致舒马赫驾驶的汽车悬挂装置损坏，这注定舒马赫的离场。最终维伦纽夫摘得第一。

日本站，维伦纽夫无视黄旗警告。因为上次大奖赛已有车手违反过该比赛规则，而维伦纽夫在资格赛中仍无视黄旗警告，所以委员会决定取消他的参赛资格。与此同时，威廉姆斯车队进行上诉，维伦纽夫重新上场，并等待最后的裁决。迈克尔·舒马赫获得第一，这意味着他将有可能再次冲击世界冠军。维伦纽夫虽然获得第五名的好成绩，但他的分数被判无效，因为最后审判结果决定取消其参赛资格。

最后一场比赛是欧洲大奖赛，这也注定是舒马赫和维伦纽夫之间的一场战役。赫雷斯赛道上，发生了一件闻所未闻的事情：在F1比赛史上，排位赛中第一次出现三名赛车手同时以最佳成绩到达终

舒马赫：F1王者的传奇人生

点的情况。这三名赛车手分别是：维伦纽夫、舒马赫和弗伦岑。但根据当时的比赛规则，杆位必须交由第一个被记录下时间的赛车手，也就是加拿大选手维伦纽夫。比赛中，舒马赫发挥出色。在第一个弯道时，他就领先其他赛车手，这种优势一直持续到第46圈。第46圈时，舒马赫的轮胎出现故障。维伦纽夫逐渐将与舒马赫的差距缩小到385秒。在第48圈时，维伦纽夫利用舒马赫绕弯过大的错误，利用充足的时间进行超车。现在，维伦纽夫与舒马赫并驾齐驱，而舒马赫做出了一个不正当的行为——冲撞维伦纽夫驾驶的威廉姆斯赛车。赛车场上很多人喊道："这真是一种耻辱！"这种超过忍受极限的羞耻行为，最终让舒马赫不光彩地离场，他所取得的成绩自然也是无效。维伦纽夫在这次比赛中居于麦克拉伦车队的哈基宁和科特哈德之后，获得第三。发生在赫雷斯赛道上这不愉快的一幕最终也有了审判结果：1997年11月11日，舒马赫因在赛车时故意冲撞维伦纽夫而影响其比赛成绩，被取消赛车手排位资格。

仍然是……米卡·哈基宁

1998赛季，比赛规则发生改变，赛车上使用的光头胎被带有直纹沟槽的轮胎所替代，以确保比赛安全。这些沟槽除了减缓汽车速度外，还极大地增强了其稳定性。

本赛季的世界一级方程式比赛在澳大利亚拉开帷幕。哈基宁和科特哈德这两位麦克拉伦赛车手毫无疑问成为赛场上的佼佼者。15圈后，维伦纽夫成为唯一一个紧跟在哈基宁和科特哈德之后的选手，但与他们之间也有50秒的差距。舒马赫因其引擎故障，在第5圈的时候被迫退赛。赛场上处于领先地位的自然是麦克拉伦车队。到了第36圈的时候，哈基宁因无线信息错误引导，进入维修站，重回赛道时已被队友科特哈德超越。时任麦克拉伦车队总管的罗

舒马赫：F1王者的传奇人生

恩·丹尼斯认为应把领先位置归还给哈基宁，于是他命令科特哈德让路给哈基宁，最终这位芬兰选手在众多争议中夺得本次大奖赛第一名。

巴西站，哈基宁再一次获得杆位。从比赛开始到结束，这位芬兰选手一直处于领先地位。在他之后的是科特哈德和舒马赫，但舒马赫比科特哈德晚一分多钟才到达终点。

阿根廷大奖赛上，科特哈德夺得首杆，舒马赫排位第二，哈基宁第三。比赛中，哈基宁成功超越舒马赫，但舒马赫紧随其后，几圈之后又重新位于哈基宁之前，随后超越科特哈德。最后，舒马赫获得本赛季第一个大奖赛冠军，位于哈基宁和另一名法拉利选手埃尔文之前。

圣马力诺站，科特哈德夺得杆位。在比赛中，哈基宁因其赛车传动装置故障被迫退赛。在这次比赛中夺冠的是哈基宁的队友大卫·科特哈德，第二名、第三名分别由法拉利选手舒马赫和埃尔文摘得。

西班牙站，同样是麦克拉伦的两位赛车手哈基宁和科特哈德斩获第一、第二名，舒马赫则为第三。

蒙特卡洛赛道上，幸运女神再次光顾哈基宁，而舒马赫因一次鲁莽的超车，与伍尔兹发生碰撞。

在哈基宁连续两次夺得分站冠军后，舒马赫奋起直追，最后在车手总冠军积分排行榜上与哈基宁的差距缩小到只有两分。加拿大大奖赛上，哈基宁因变速箱问题而退赛，随后他的队友科特哈德也因赛车加速器问题而被迫出局。现在占据领先地位的是费斯切拉，但舒马赫紧随其后，几圈之后就超越了费斯切拉，夺得冠军。

法国站，哈基宁夺得杆位。但在比赛中，法拉利的两名选手舒马赫和埃尔文处于领先位置，最后以第一、第二名的成绩冲过格子旗。麦克拉伦车队的哈基宁则获得第三。

英国大奖赛上，因突然下雨，哈基宁没能控制好自己的赛车，偏离赛道片刻。但这"片刻"足以让舒马赫超越他获得领先位置。随后舒马赫在离终点还有两圈的时候违规，被处以黄旗警告，但他机智地在最后一圈进站接受处罚，从维修站出来的同时冲过了终点线。

麦克拉伦车队递交了上诉，起诉法拉利的不正当行为。但是上诉被驳回，因为法拉利车队的确是遵循比赛规则的——收到委员会通知后的3圈内进入维修站。国际汽联认为，此次的主要失误在于大奖赛的委员会给予的处罚过晚。取得这次胜利后，舒马赫和法拉利车队续签到2002年，并且法拉利每个赛季给予他600亿里拉的报酬。

除了法拉利之外，另一支车队也在改变赛车手的局面。1999赛季，维伦纽夫宣布加入到前身为特利尔车队的英美车队，而维伦纽夫本人和他的经理格雷格·波洛克也是特利尔车队的股东。

舒马赫：F1王者的传奇人生

奥地利站，费斯切拉在他职业生涯中第一次获得杆位，但是他驾驶的赛车不足以与两支强劲的赛车队麦克拉伦和法拉利竞争。

比赛中，哈基宁迅速取得领先位置，奋力抵抗来自舒马赫的进攻。但当舒马赫试图超越哈基宁时，他的赛车冲出了赛道。当舒马赫重新回到跑道上时，他的排名已落后到第十六位。多亏了法拉利巧妙的策略和他队友的帮助，舒马赫在最后的比赛中排名第三，位于麦克拉伦车队的哈基宁和科特哈德之后。

德国大奖赛上，哈基宁再一次获得冠军，比分领先舒马赫16分。舒马赫在这次比赛中只获得第五名，而其弟弟拉尔夫轻松地获得了第六名的成绩，这让很多人唏嘘不已。

匈牙利大奖赛，舒马赫站在了最高领奖台上。而哈基宁则因为赛车变速器的问题，只获得第六名。

比利时站的练习赛中，维伦纽夫在埃尔罗格弯以290km/h的速度行驶，让赛车迷们为他捏了一把冷汗。幸运的是，他并没有发生意外。但在接下来的比赛中，却出现各种"碰撞"事故：科特哈德在汽车偏驶后转到反方向，导致一场猛烈的撞击，致使13名赛车手出局。委员会做出决定：中止并重新开始比赛。比赛重新开始后，哈基宁在转弯时与来不及躲闪的赫伯特发生了不可避免的撞击，双双被迫退赛。现在在比赛中领先的是希尔。在安全车进入赛道清理哈基宁和赫伯特赛车碎片时，舒马赫发起进攻，超越希尔，占据领先地位。天空开始下雨，这种天气对舒马赫非常有利。此时他领先其他赛车手整整一圈。当舒马赫在第25圈想要超越科特哈德时，科特哈德突然减慢速度，与舒马赫发生了碰撞，因此舒马赫不得不放弃这场原本会赢的比赛。回到维修站后，舒马赫怒不可遏，厉声指责科特哈德，责备他故意引起事故。几天之后，两位赛车手在威廉姆斯的旅宿车里，面对面地对该场事故进行了心平气和的讨论。

在蒙扎赛道上，舒马赫从杆位发车，但哈基宁和科特哈德以更快的速度超越了舒马赫。这两名麦克拉伦车队赛车手的领先并没有持续多久。最后站在领奖台上的分别是迈克尔·舒马赫、埃尔文和拉尔夫·舒马赫。这次胜利对舒马赫而言意义非凡，因为此次比赛后，他和哈基宁的总积分相同。而此时，距离本赛季结束只剩下两场比赛。

在卢森堡大奖赛上，两名法拉利赛车手舒马赫和埃尔文领先其他选手。此次比赛，埃尔文的任务是"保护"舒马赫，抵挡来自哈基宁的攻击。但在第14圈时，麦克拉伦赛车手哈基宁超越埃尔文，逼近舒马赫。第一次进站加油后，哈基宁成为赛场上的第一名，并最终夺冠。舒马赫以4分的差距位居第二。

最后一场比赛于11月1日在日本铃鹿赛道举行。排位赛中，舒马赫一直处于领先地位，但在正式比赛中则发挥不佳。暖胎圈时，他

舒马赫：F1王者的传奇人生

驾驶的法拉利熄火，排名落在最后一位，而哈基宁一直是赛场上的佼佼者。当舒马赫重新回到第三位时，因轮胎漏气而被迫退赛。哈基宁赢得本次比赛，位于埃尔文和科特哈德之前。哈基宁成为继科克·罗斯伯格之后第二个荣获车队世界冠军称号的芬兰人。舒马赫并不是很失望，他坚信自己在同等条件下完全可以为法拉利车队夺回自1979年后再没有获得过的"世界冠军"称号。

是埃迪·埃尔文，而不是舒马赫

1999赛季，第一次举行大奖赛的马来西亚专门建造了一个全新的赛道来迎接F1赛事。这一年，固特异轮胎结束了34年的F1专用轮胎历史，取而代之的是即将独霸赛场的普利司通轮胎。在这个新的赛季，维伦纽夫即将加入英美车队进行首次亮相，他在威廉姆斯车队的位置由美国卡特车赛冠军亚历山德罗·扎纳尔迪替代。

该赛季世界一级方程式的首站于3月7日在墨尔本举行，哈基宁很快夺得首杆。暖胎圈时舒马赫没有发动赛车，被迫降到最后一名。而驾驶着麦克拉伦赛车的科特哈德和哈基宁虽然一开始表现良好，但随后纷纷退赛。埃尔文超越了所有赛车手，并第一个冲过终点的格子旗。爱尔兰赛车手埃尔文在墨尔本站获得他人生中第一个

舒马赫：F1王者的传奇人生

F1分站赛冠军。

对于舒马赫而言，这真是糟糕的一天。虽然他在墨尔本排位赛中排名第八，但却不得不退赛。在巴西站，鲁本斯·巴里切罗趁哈基宁变速器故障的十几秒间超越了他，暂列第一。而哈基宁在解决故障后，再次超越巴里切罗，领先其他赛车手。舒马赫紧随其后，等待哈基宁犯错，趁机超越他。但在整个赛程中，哈基宁均没有失误，最终第一个冲到终点，而舒马赫仅以5秒之差输给了哈基宁。这场比赛中，哈基宁和舒马赫两人领先其他选手整整一圈，当然也包括第三名的埃尔文。

圣马力诺站，哈基宁在第17圈前一直处于领先地位。但在第17圈时，他不幸撞上维修站对面的墙体，结束了此次比赛。随后领先的是其队友科特哈德。但最后舒马赫发起进攻，成功超越，夺得本站比赛的冠军。科特哈德和巴里切罗则获得第二、第三名。

蒙特卡洛赛道上，哈基宁夺得杆位。但在比赛中，舒马赫发挥更佳，处于领先地位，并第一个冲到终点，摘得桂冠。埃尔文获得第二名，哈基宁第三。这也意味着法拉利第一次在摩纳哥赛道上同时夺得第一、第二名的好成绩。该场比赛后，法拉利车队在车队积分榜和车手个人积分榜上均列第一，其中舒马赫排第一，埃尔文排第二。

在西班牙，哈基宁赢得冠军，科特哈德第二，舒马赫第三，而

是埃迪·埃尔文，而不是舒马赫

埃尔文则位居第五。

加拿大大奖赛上，舒马赫夺得首杆，但在第29圈从维修站直线跑道上的弯道出来时，没有控制好自己的赛车，与墙体发生猛烈的撞击，抱憾结束比赛。哈基宁利用舒马赫的这次失误，夺得第一名，为其总分榜上再添10分。位于哈基宁之后获得第二名的是费斯切拉，第三名则是埃尔文。

15天后的比赛在法国举行。那天下雨，驾驶着斯图尔特赛车的巴里切罗从杆位出发，而哈基宁则处于第十二名的位置。但在5圈后，位于舒马赫之后的哈基宁已经位于第七位。第10圈时，哈基宁发起进攻，超越舒马赫。此时天空开始下起倾盆大雨，安全车进入赛场。哈基宁在尝试超越巴里切罗时犯了一个错误，导致赛车开到赛道外，重新回到赛场时已经落下好几个名次。

舒马赫则在大雨中泰然自若，没出任何差池，一直领先。但随后因为赛车技术问题，他被迫中止比赛。而哈基宁继续发起猛烈的攻击，当再次位于第一名的巴里切罗身后，他发起了一次堪称经典的完美超车。离比赛还剩最后几圈时，哈基宁和巴里切罗还需最后一次进站加油，而乔丹车队在之前就将赛车加满油，车队的弗伦岑则只要勇往直前，最后如愿第一个到达终点。紧随其后的是哈基宁、巴里切罗和迈克尔·舒马赫。

英国银石国际赛道上，哈基宁夺得首杆，舒马赫第二，科特

舒马赫：F1王者的传奇人生

哈德第三。在比赛中，舒马赫一直保持第二的位置，但在第一个弯道时，他驾驶的法拉利赛车出现刹车问题。舒马赫仍以危险的速度驾驶着他的赛车，直到猛烈地撞上斯托弯道外部的橡胶墙体。

舒马赫尝试从驾驶座中出来，他明显地感觉到来自下肢的持续疼痛感。最后救援队员赶到事故现场，将舒马赫从法拉利中救出来。舒马赫已经无法走路，救护车及时将他送到医院。

幸运的是，由于法拉利赛车底盘能经受住剧烈的冲击，获得两次世界冠军的舒马赫并无大碍，"仅仅"是右腿的胫骨和腓骨发生骨折。但这次事故注定他不能再参加本赛季的其他大奖赛。在舒马赫发生事故的几秒前，两辆英美车队的赛车突然无法行驶而停在赛道上，比赛一度中断。重新出发后，哈基宁一直处于领先地位，但随后，因为赛车的一个轮子出现故障，不得不退赛。现在赛场上最有竞争力的莫过于科特哈德和埃尔文。最后科特哈德夺冠。

下一场大奖赛在奥地利举办，法拉利车队雇佣米卡·萨罗取代舒马赫的位置，萨罗也很快表现出非凡的团队合作精神。在比赛中，两辆麦克拉伦赛车"互相竞争"，在第二个弯道时双方发生碰撞，纷纷驶出赛道。最终埃迪·埃尔文夺得冠军，成为法拉利车队的一把手。而你们愿意期待已久的F1世界冠军不是舒马赫而是那个有些粗鲁的爱尔兰赛车手埃尔文吗？

德国大奖赛上，麦克拉伦车队的两辆赛车再次出局。科特哈德

是埃迪·埃尔文，而不是舒马赫

驾驶的赛车在超越萨罗时退赛，而哈基宁则因为右后轮胎漏气被迫退赛。领先其他赛车手的萨罗慷慨地将第一名让给埃尔文，因为埃尔文有望获得F1世界冠军的称号。而这个牺牲值得吗？

匈牙利站，哈基宁从杆位出发，并一直保持领先，最终第一个到达终点。在他身后的分别是科特哈德和埃尔文。

比利时站，麦克拉伦车队的两名赛车手互相竞赛。在第一个弯道时双方发生碰撞，随后一直保持他们出发时的位置，最终科特哈德获得第一，哈基宁获得第二名。没有取得第一名，哈基宁也只能为所取得的"区区"6分感到高兴。而这场比赛中，因法拉利赛车问题，埃尔文只位于第四名。

蒙扎大奖赛上，哈基宁在前30圈均保持领先地位。但在第30圈时，他犯了一个低级错误——挂错挡位。他的赛车停在减速弯道的道路中间，这意味着他本场比赛的结束。弗伦岑赢得比赛，第二、第三名分别是拉尔夫·舒马赫和萨罗。埃尔文只取得第六的成绩。此时，离本赛季结束还剩下不到三场的比赛，埃尔文的总分和哈基宁的相同。

欧洲大奖赛上，弗伦岑取得杆位，并在前30圈都处于领先的位置。但在第30圈时，他驾驶的乔丹赛车出现电子问题，被迫退赛。哈基宁因轮胎选择失误，名次靠后。而科特哈德、拉尔夫·舒马赫和费斯切拉则在领先时被迫退赛。最后登上最高领奖台的是驾驶着斯图尔特赛车的赫伯特，第二、第三名则分别是特鲁里和巴里切罗。哈基宁以第五名的成绩位于米纳尔迪车队的马克·杰内之前。埃尔文只位于第六，因为法拉利修理站发生了一个意外的小插曲：埃尔文进入到法拉利维修站更换轮胎，但他在只有三个轮子的法拉利赛车中足足等了48秒，因为维修人员找不到第四个轮子！

　　F1比赛第一次在马来西亚举行，而舒马赫也正是在这场大奖赛上重回赛道。法拉利车队在排位赛中十分顺利，舒马赫夺得杆位。但在比赛中，他将第一名让给他的队友埃尔文，因为埃尔文将竞争F1世界冠军的称号。

　　在本赛季还剩最后一场比赛时，埃尔文领先哈基宁4分，位居积分榜第一。

　　本赛季最后一场比赛在日本举行，舒马赫获得杆位。但哈基宁在这场比赛中发挥出色，领先众人，最后夺得第一名。埃尔文只取得第三的名次。哈基宁第二次获得F1世界冠军的称号，而法拉利的赛车手们又一次与冠军失之交臂……

法拉利车队,世界第一

2000赛季,F1比赛重新回归美国,比赛将在举办500英里大奖赛的印第安纳波利斯赛道进行,这条赛道颇具传奇色彩。尽管比赛只在内赛道举行,但也包括两个椭圆形弯道。

本赛季第一场比赛在澳大利亚墨尔本举行,舒马赫驾驶着法拉利获得了本场比赛的冠军,而他的新队友鲁本斯·巴里切罗则获得第二名。麦克拉伦车队出师不利,两辆赛车均因发动机故障而被迫出局。

第二场比赛在巴西举行。哈基宁从杆位出发,却以退赛的结局收尾。舒马赫驾驶着法拉利赛车,位于科特哈德和费斯切拉之前。而科特哈德由于前翼过低被取消比赛资格。费斯切拉因此取得第二名。

15天之后，在伊莫拉赛道上，哈基宁再一次从杆位出发，但舒马赫成功超越他，夺得比赛冠军。

三场比赛后，法拉利车队凭借舒马赫这位出众的赛车手已经赢得三次冠军，这毫无疑问是一个良好的开端。

英国大奖赛上，巴里切罗夺得杆位，但在比赛中他的法拉利赛车因故障问题而被迫退赛。最后的比赛结果是麦克拉伦的两名赛车手科特哈德和哈基宁分别获得第一和第二名。迈克尔·舒马赫排名第三。

在西班牙大奖赛之前，科特哈德乘坐的私人飞机突然被迫紧急降落，与地面发生猛烈撞击，而他奇迹般地从这场事故中幸存下来。飞机坠毁导致两名驾驶员不幸遇难，所幸科特哈德、科特哈德的女友和体能训练师只是些许擦伤，并在事故之后产生了恐惧感。

西班牙加泰罗尼亚赛道上，舒马赫夺得杆位，但在比赛中，哈基宁处于领先的位置。舒马赫尝试进行超越，但中途发生了一个小意外，虽然没有造成严重的后果，但确实影响了他的比赛成绩。进站加油时，当员工尚未完成加油的情况下，首席机械师就示意舒马赫出发。两者之间因沟通不畅导致舒马赫在重新出发时将无辜的加油员工撞倒，所幸只是导致其脚踝处轻微挫伤。而驾驶着麦克拉伦赛车的哈基宁，如今早已远去，在本赛季夺得了他第一个分站赛冠军，科特哈德和巴里切罗分列第二和第三名。

在欧洲大奖赛上，科特哈德夺得杆位。但最终舒马赫获得冠军，哈基宁第二，而科特哈德则位列第三。

在蒙特卡洛赛道上，舒马赫领先表现惊人的特鲁里，夺得杆位。但在正式比赛中他却不得不在处于领先位置的时候退赛：其驾驶的法拉利赛车排气慢慢融化了后座汽车的悬挂装置。科特哈德夺得冠军，巴里切罗和费斯切拉分列第二和第三名。

15天之后，比赛在大洋彼岸的加拿大蒙特利尔赛道进行。舒马赫再次获得杆位，并夺得冠军。紧随其后的是一直"保护"着舒马赫的巴里切罗。事实上，舒马赫的赛车制动装置存在很明显的问题，他不得不减慢速度。尽管如此，他仍以骄人的成绩摘得了本场比赛的桂冠。

接下来的欧洲大奖赛上，同样是舒马赫获得杆位。但在比赛中，科特哈德始终驰骋赛场，领先其他赛车手，最终以出色的成绩站在了最高领奖台上。获得第二、第三名的是哈基宁和巴里切罗。

奥地利站，舒马赫在与英美车队的宗塔发生碰撞后很快退赛。哈基宁利用这次机会赢得比赛，其队友科特哈德获得第二。

德国站，科特哈德获得杆位，舒马赫获得第二的位置。但哈基宁表现出色，处于领先位置。舒马赫因其赛车系统启动问题，出发

舒马赫：F1王者的传奇人生

后行驶速度缓慢，并与无辜的费斯切拉发生碰撞，再次被迫退赛。麦克拉伦的两辆赛车遥遥领先，直到在第24圈时发生了一个出乎意料的小插曲：梅赛德斯-奔驰的一名员工，因不满公司突然将他辞退的决定，成功进入赛道后，举起游行示威的牌子，发起对奔驰公司的抗议。这一行为震惊了赛事组织方，赛车手们更是惊恐得手足无措。最终，安全车驶入赛道，将这位不幸的员工带走，保证了比赛安全。

安全车的到来给处于领先地位的麦克拉伦车队带来严重影响，因为其他赛车手均趁此机会赶超他们。不久之后，形势发生改变，天空中开始下起雨。哈基宁很快更换轮胎，而科特哈德几圈之后也更换了轮胎。巴里切罗则选择不更换轮胎，这恰恰成为他获胜的重要决定。雨并没有如预料那般持续下个不停，很快就停止了，这使得巴里切罗最终取得冠军，虽然他当时做出不换胎的决定有一定风险。总之第一次以法拉利赛车手身份出场的鲁本斯·巴里切罗以一种大胆冒险的方式夺得了本站冠军。

匈牙利大奖赛上，舒马赫夺得杆位，但出发没多久就被哈基宁超越。最终哈基宁获得了本场比赛的冠军，并以两分的优势超越对手迈克尔·舒马赫，占据积分榜首位。

比利时站，出现了本赛季最精彩的超车之一。比赛刚开始时，因为天气等诸多不确定因素，按照"常规"，赛车出发时都配备了安全车。舒马赫从杆位出发，领先其他赛车手。几圈之后，沥青赛道慢慢变干。哈基宁因在第13圈时赛车发生偏驶转到反方向的失误处于落后状态，他发起疯狂的追击。几圈之后，他超越其他赛车手，紧随当时处于第一名的舒马赫之后。两名王牌赛车手展开了一场激烈的角逐。哈基宁的追击猛烈而不可阻挡，舒马赫竭尽全力不给哈基宁留下任何超越的空间。

在领先英美车队的宗塔一圈后，麦克拉伦车队的哈基宁实现了他精彩的超车。舒马赫选择外轨道，哈基宁选择更加潮湿的内轨道。双方同时进行超越，无辜的宗塔夹在他们两人之间，完全动弹不得。在哈迪龙弯道时，哈基宁以330km/h的时速成功超越舒马赫，最终获得冠军。

15天后的蒙扎赛道上，舒马赫缩小了与哈基宁在积分榜上的差距。事实上，在取得杆位后，舒马赫一直领先整个赛场，并在法拉利粉丝热烈的欢呼声中站在了最高领奖台上。除去法拉利取得的战绩外，本场大奖赛着实是F1最为悲剧性的比赛之一：比赛开始后没多久，有6辆赛车卷入一场事故，到处都是赛车的碳纤维碎片、轮胎和其他部件。一名从事F1消防安全工作的CEA赛车队志愿者，被弗伦岑驾驶的乔丹赛车的轮子击中。对于这名年轻的志愿者来说，一切都太晚了，车轮造成的猛烈撞击对他造成致命的伤害。事故发生后的几分钟，这位志愿者的死讯就得到了确认。

舒马赫：F1王者的传奇人生

美国印第安纳波利斯赛道上，舒马赫再次从杆位出发，并一直保持第一的位置直到最后一圈，夺得冠军。而最有竞争力的对手哈基宁虽然在排位赛中取得第二名的好成绩，但最终由于奔驰发动机故障，被迫退赛。

日本铃鹿大奖赛时，哈基宁和舒马赫的总分相同，这意味着作为最后一站的铃鹿大奖赛将决定F1世界冠军花落谁家。舒马赫夺得杆位，但哈基宁出发更加迅速，领先其他赛车手。舒马赫并没有放弃，他逐渐逼近哈基宁。当麦克拉伦车队的金牌赛车手哈基宁进入维修站时，舒马赫飞快地驰骋在没有竞争对手的赛道上，驾驶几圈后进入维修站。利用哈基宁加油时所取得的优势足以让舒马赫占据领先地位。当舒马赫驾驶的红色法拉利3号从维修站出来时，驾驶着麦克拉伦赛车的哈基宁已被远远抛在身后。舒马赫做到了！他将被动的局面变成对他有利的局面，他有望成为本次比赛的冠军！最后几圈大局已定，舒马赫第一个冲过格子旗。这意味着舒马赫成为本赛季的F1世界冠军，也意味着乔迪·斯科特不再是法拉利历史上最后一名获得F1世界冠军的选手。是的，在法拉利的历史上，他不再是最新获得冠军的赛车手了。终于，在20年之后，法拉利车队再次获得这项最高奖项。当然，他们必须感谢出色的舒马赫——这位在斯科特获得冠军前两年出生的赛车手。

取得日本站胜利后，法拉利车队的所有人都沉浸在喜悦中，有人戴上象征法拉利红色的假发,这中间也包括法拉利公司的主席蒙特泽莫罗。此外还有成千上万名远在意大利的赛车迷在千里之外欢欣鼓舞,一起庆祝本场比赛的胜利。

9·11事件中,"汉尼拔"第二次夺冠

　　法拉利车队在新赛季到来之际一直秉承一贯的哲学:"将胜利保持下去。"主席蒙特泽莫罗继续加强团队建设,延长与法拉利车队突出贡献者的合同,舒马赫自然又续约4年。

　　新赛季首站在澳大利亚举行。2001年,法拉利车队自豪地推出了他们的新款赛车F2001,这款赛车在技术方面较之前的赛车有了很大改善。但在墨尔本举行的这场比赛显得颇为沉重:比赛过程中,驾驶着英美车队赛车的维伦纽夫撞上宗塔的赛车。事故十分严重,维伦纽夫的赛车先是腾跃而起,随后重重地摔在地上。虽然冲击猛烈,但维伦纽夫并没有什么大碍。不幸的是,一名年轻的澳大利亚工作人员被路面飞出的一只轮胎狠狠击中,最后离开人世。

舒马赫：F1王者的传奇人生

F1大赛再一次因其组织结构的不完善而付出惨重代价。最终舒马赫站在了最高领奖台上。出于对此次悲剧的痛心和对死者的缅怀，舒马赫拒绝了一切形式的胜利宣传。两周后的马来西亚大奖赛依旧是法拉利的天下，舒马赫获得第一，巴里切罗第二。巴西大奖赛上，法拉利的两名赛车手不敌麦克拉伦车队的选手，最终科特哈德位于舒马赫之前夺得冠军。同样的情况在蒙扎大奖赛上再次发生，两名法拉利选手均未夺冠。

西班牙大奖赛上发生了颇具嘲讽的一幕，而正是因为这一幕，胜利女神再次眷顾舒马赫。事实上，麦克拉伦车队的哈基宁占据了整一周的新闻消息，因为车队天才设计师纽维为其设计的赛车完美地适应了巴塞罗那赛道。米卡·哈基宁从杆位出发，一直保持领先。在最后一圈离终点还剩几个转弯时，他的赛车出现离合器问题，迅速减速，哈基宁被迫在离终点不远处停车。舒马赫之前虽比哈基宁慢40秒，但在关键时刻超越哈基宁，最终夺得本场比赛的冠军。摩纳哥大奖赛上，舒马赫和鲁本斯分别获得第一、第二的好成绩，全场掌声如雷。

舒马赫在接下来的三场比赛中继续延续他的辉煌。除了第一场加拿大大奖赛迈克尔·舒马赫没有夺冠外，其余两场比赛，这位杰出的赛车手均摘得桂冠。本场比赛的冠军得主是驾驶着威廉姆斯-宝马赛车的拉尔夫·舒马赫。凭借自己几年来的努力，拉尔夫成为最优秀的

9·11事件中，"汉尼拔"第二次夺冠

赛车手之一。比赛中，他驾驶的威廉姆斯赛车领先舒马赫，而舒马赫尽管知道自己并不能赢得比赛，但仍竭尽全力赢取珍贵的积分。

欧洲大奖赛和法国大奖赛上，舒马赫均一举夺冠。

距离本赛季还有5场大奖赛时，法拉利车队在积分排行榜上遥遥领先，几乎没有一支队伍能与之抗衡。相反，其他车队能力尚佳的赛车手更加凸显出法拉利车队的优秀。一场场比赛后，法拉利车队距离F1世界车队三连冠和世界冠军赛车手两连冠（这个奖项更有价值）的成绩越来越近。匈牙利大奖赛上（距离本赛季结束还有4场比赛），迈克尔·舒马赫以第一的成绩冲到终点，获得冠军。这次荣誉也意味着舒马赫将第四次获得F1世界冠军的称号，这也是他为法拉利效力后连续第二次获得该称号。在F1的历史上，目前只有方吉奥获得的车手总冠军比舒马赫更多。他曾经获得5次世界冠军，无疑是优秀赛车手中的佼佼者。

15天后，永不知足的舒马赫在他最喜欢的比利时赛道上再次获得冠军。这次胜利创造了F1历史上的另一个"奇迹"——打破了由阿兰·普罗斯特创造的纪录。舒马赫获得52次分站赛冠军，刷新了法国赛车手阿兰·普罗斯特51次的纪录。

意大利蒙扎赛道上，所有人都欢喜地等待着法拉利的出场。然而几天前，在美国纽约世贸中心双子塔发生的自杀式恐怖袭击造成将近3000人死亡的悲剧，无疑让这场比赛变得与以往不同。事实

舒马赫：F1王者的传奇人生

上，在这样的大背景下，人们也无心举办F1比赛。意大利大奖赛被一种压抑的气氛所包围，不仅仅是因为发生在纽约的恐怖袭击，也因为发生在扎纳尔迪身上的悲剧：重新回归到美国卡特车赛的扎纳尔迪在德国与另一辆全速前进的赛车发生碰撞，最后失去双腿。15天后在美国印第安纳波利斯赛道上，法拉利车队把车身的红色改成了沉重的黑色。

美国大奖赛上，米卡·哈基宁最后一次赢得冠军。这位两次获得世界冠军的赛车手，在儿子出生后，决定离开F1的赛场。本赛季的最后一场比赛，依旧是老将迈克尔·舒马赫夺得冠军，获得第二名的则是威廉姆斯车队的后起之秀胡安·保罗·蒙托亚。这位蒙托亚在今后会成为被誉为"F1汉尼拔"的舒马赫的劲敌吗？

私人生活

"生日快乐，舒马赫！"2002年1月3日，德国《图片报》在舒马赫33岁生日之际送上祝福。这是一个私人生日聚会，参加聚会的只有舒马赫的妻子科琳娜（32岁），他们的两个孩子——4岁的吉娜·玛利亚和两岁的米克，以及两个好朋友。聚会上没有摆设香槟，因为舒马赫从不喝酒，即使是在获得比赛冠军时也是如此。他说："我不喜欢香槟。"虽然舒马赫并不了解时下最流行的菜品是什么，但他时常亲自准备第二道菜。事实上，有时候舒马赫很享受烹饪的乐趣，他尤其热爱意大利美食，其中最爱的莫过于番茄酱意面。在制作这道主食时，他从来不用罐头番茄酱，而只采用新鲜的番茄，亲自剥皮，去籽。

舒马赫：F1王者的传奇人生

虽然是自己的生日，但在这样的日子里，舒马赫仍然喜欢像往常一样，待在家里被自己的孩子们叫醒，因为这位赛车"奇才"没有一个属于自己的闹钟。相反，他的奖杯越来越多，不断堆满地窖的大箱子。"科琳娜开始抱怨……"说到科琳娜，舒马赫很乐意妻子"领导"他。"她在领导方面真的很出色……"条件许可的情况下，舒马赫总是将妻子带到赛场看他比赛，并常常说："科琳娜是我的幸运星。当她不在赛场上的时候，总是会发生这样那样的事，而她在时，一切往往很顺利。"舒马赫承认从孩提时代就想成为柔道运动员，但是在学校的时候，他的柔道成绩并不出色。妻子科琳娜曾经透露过，舒马赫在比赛前差不多只睡一个小时。他们两个人的爱情从一开始就困难重重……科琳娜之前是海因茨·哈拉尔德·弗伦岑的女友，现在当舒马赫和弗伦岑偶尔在比赛期间碰面时，时不时会提起这件事情。弟弟拉尔夫和舒马赫的时间总是被比赛所霸占。当他们俩还是同事时，就在赛道上互相竞赛，并各自选择自己的人生道路，虽然舒马赫经常会给予拉尔夫一些建议，"但是他去不去做就是另一回事儿了"。之后他们在赛道上一起经历了母亲的突然离世，但是出于职业操守，舒马赫兄弟继续在赛道上比赛，而没有前去看望母亲。此外，他们都是F1明星（当然，两人的分量不同），又因为舒马赫住在瑞士，拉尔夫住在奥地利，他们见面的次数少之又少。舒马赫的妻子科琳娜和拉尔夫的妻子科拉性格

私人生活

全然不同：前者谨慎温和，后者高调不羁。拉尔夫不得不为妻子做模特时令人尴尬的照片而买单。

现在我们再回到赛车界的"汉尼拔"身上。舒马赫早上从来不喝咖啡，只喝茶，并且往往是草本茶，很少喝黑茶。他最喜欢的球队是科洛尼亚队，只要有他们的比赛，他必定到场。他热衷于收集皮夹克：在他的衣柜里，有30多件不同颜色的夹克。尽管信奉上帝，但舒马赫并不时常去教堂。他从不泡澡，独爱淋浴。有时候他喜欢抽雪茄，尤其是古巴的雪茄，但只是在假日或取得重要胜利后，他才会享受这份爱好。

饮食方面，舒马赫严格节制，并摄入能量充足的食物，尤爱水果。每天，舒马赫都去健身房。就算是在赛场上，也会有一辆专门配备所有运动器械的卡车为其提供健身的场所。这就是我们所知的关于F1第一巨星——舒马赫的私人生活（私人隐私应该得到保护，我们不会像有些人一样，没有经过授权就私自传播与舒马赫家人有关的图片和消息）。

取得和方吉奥一样的成绩

2002赛季，法拉利车队在赢得世界车队冠军和世界车手冠军后，制造出一辆革命性的赛车——F2002。该赛车由罗里·拜恩设计，引进一种新的空气动力学原理，电子设备能确保赛车适应不同的赛道和不同的摩擦力。法拉利的这款新赛车一出现，其他车队便对比赛充满了担心。

第一场大奖赛在澳大利亚举行。麦克拉伦车队聘用莱科宁取代哈基宁的位置。墨尔本赛道上，赛车界的"汉尼拔"舒马赫再次大获全胜。在这次比赛中，舒马赫驾驶的仍然是上一年的赛车，而众人期待颇高的F2002则需要进行进一步测试。但对于舒马赫而言，结果都是相同的，因为无论是新车还是旧车，他总是能胜券在握，赢

舒马赫：F1王者的传奇人生

得比赛。

　　15天后，在马来西亚大奖赛上，"旧"车开始显现出疲态。事实上，在吉隆坡赛道上，威廉姆斯的两名队员蒙托亚和拉尔夫一先一后称霸赛道。威廉姆斯车队的赛车驾驶起来便捷轻松，不仅仅因为配置了宝马发动机，也因为米其林轮胎能保证其在高温下持续行驶，而这段时间的马来西亚炎热得犹如一个火炉。

　　巴西站，F2002正式亮相，但法拉利只配备了一辆新赛车让舒马赫使用。鲁本斯要等待下次比赛才能有机会驾驶这辆革命性的赛车。在英特格拉斯赛道上，舒马赫和他的新车F2002轻松称霸赛场。

　　本赛季第四场大奖赛在伊莫拉举办，法拉利车队的两名赛车手再一次站在最高领奖台上。

　　接下来在西班牙和奥地利的大奖赛上，舒马赫均夺得冠军。但在奥地利策尔特韦格赛道上，发生了一起争议颇大的事件，破坏了法拉利车队取得胜利的喜悦气氛：在离终点还剩一圈的时候，鲁本斯·巴里切罗领先其他选手，但法拉利车队要求他把第一名的位置让给更有希望获得世界冠军的舒马赫。鲁本斯服从命令，舒马赫最终夺冠。这一幕明目张胆地发生在离终点几米远的地方，自然引起愤怒的争议，因为在比赛中法拉利着实给了舒马赫太多的便利。总之，观众席上发出一阵阵的骚动声。当法拉利的两名赛车手登上领奖台时，台下嘘声不断。舒马赫为了维护形象，将自己的冠军宝座

取得和方吉奥一样的成绩

让给了鲁本斯，这让情况变得更加糟糕。是的，变得更加糟糕……

奥地利的争议之后，下一场比赛在摩纳哥的蒙特卡洛赛道举行。科特哈德在该场比赛中第一个冲过格子旗，这也是法拉利在之后的比赛中唯一一次没有夺冠的比赛——接下来的10场比赛中，法拉利车队均斩获冠军。该赛季，法拉利车队连续第四次获得世界车队冠军，舒马赫则第三次获得世界冠军，赢得他职业生涯中的第五个世界冠军。这意味着他已经和方吉奥达到同等高度，而这位阿根廷天才赛车手已经达到F1赛车事业的最高峰，但舒马赫仍可以继续超越。2002年是法拉利车队称霸的赛季，所到之处均所向披靡，战无不胜，以至于比赛结果显得毫无悬念，让人觉得索然无味。法拉利打破诸多纪录：从来没有一个车队在一个赛季中能获得如此多的第一、第二名；从来没有一个赛车手能像舒马赫一样那么多次赢得比赛；从来没有一个赛车手能够在离赛季末还有6场比赛时，就毫无悬念地获得世界冠军的称号；从来没有一个车队能够在同一个赛季中获得221分的高分。总之，与其说获得冠军，不如说法拉利车队取得了压倒性的胜利。

以"律师"乔瓦尼·阿涅利之名

2003年1月24日,象征着菲亚特集团和都灵企业的乔瓦尼·阿涅利去世。为了纪念这位伟大而又著名的皮埃蒙特企业家,法拉利将新研发的赛车命名为F2003GA,G和A分别是乔瓦尼和阿涅利的首个字母。

2003赛季F1进行了一次真正的改革,国际汽联负责人为了增强比赛的观赏性(因为如今呈现出法拉利垄断赛场的局面),对比赛规则进行了一些实质性的改变:资格赛只比赛一圈;练习赛和正式比赛在封闭的场地举行(在星期六,赛车必须加好油以备正式比赛之用);比分有所调整,前八名的分数分别为10分、8分、6分、5分、4分、3分、2分和1分。尽管新规定缩小了第一名和第二名的分

舒马赫：F1王者的传奇人生

数差距，最有希望获得第一名的仍然是获得过5次世界冠军的迈克尔·舒马赫。而他公认的劲敌有：胡安·保罗·蒙托亚（威廉姆斯-宝马车队）和基米·莱科宁（麦克拉伦-梅赛德斯奔驰车队）。这是一场艰苦的战役，不仅仅是赛车手之间的竞争，也是赛车技术之间的较量，其中也包括轮胎性能之间的对比（普利司通VS米其林）。

比赛首站在澳大利亚墨尔本阿尔伯特公园赛道举行。资格赛时法拉利车队表现出众，但在正式比赛时科特哈德满血复活，他机智地利用其他赛车手的不幸（舒马赫因其赛车偏导器不稳定而被滞留于维修区，蒙托亚因汽车偏驶后转到反方向而延误比赛），出乎意料地成为本场比赛的第一名。第二名是蒙托亚，第三名则是莱科宁。

第二站比赛在马来西亚的雪邦赛道举行。阿隆索作为雷诺车队年轻的西班牙赛车手，出人意料地超越了队友特鲁里，获得杆位。但在正式比赛中，莱科宁摘得桂冠（职业生涯中首次夺冠），巴里切罗获得第二，而阿隆索只位居第三。

第三场大奖赛于4月6日在巴西英特格拉斯赛道举行。比赛前，一场暴风雨淹没了整个赛道，导致很多赛车手在比赛时都出现差错，其中也包括迈克尔·舒马赫。第53圈时，阿隆索和韦伯遭遇了两次可怕的事故，比赛一度中止。乔丹车队的费斯切拉本应是本场比赛的冠军，但因为计时错误，只能将冠军让给第二名的莱科宁。一周后，国际汽联将冠军重新授予意大利人费斯切拉。

以"律师"乔瓦尼·阿涅利之名

　　下一站大奖赛在圣马力诺的伊莫拉举行。尽管舒马赫兄弟的母亲健康状况出现恶化，不幸在比赛前逝世，但两兄弟还是在排位赛中名列前茅（迈克尔获得杆位）。迈克尔·舒马赫驾驶"旧车"F2002再一次确立他的霸主地位，位于莱科宁和巴里切罗（巴里切罗在本场比赛中以一个完美的超车，超越了拉尔夫·舒马赫）之前。

　　第五站比赛在西班牙蒙特梅洛赛道举行。这次法拉利使用的赛车是F2003 GA——一辆集先进与复杂技术于一体的赛车。迈克尔·舒马赫出色地获得杆位，继伊莫拉夺冠后，再次把第一名收入囊中。而阿隆索则在自己家门口的比赛中屈居第二，巴里切罗第三。

　　奥地利策尔特韦格赛道A1环是本赛季第六站比赛的举办地，这也是它最后一次成为F1赛道。舒马赫在一开始就因汽油泄漏而被迫进入维修区，但他丝毫没有觉得心烦意乱，最终以第一名的成绩冲过终点。而获得第二名的莱科宁则领先舒马赫，暂列冠军积分榜第一名。巴里切罗再次获得第三名，而蒙托亚因其赛车发动机变形而被迫退赛。15天之后，在摩纳哥蒙特卡洛赛道上，经过无数次单调训练后的胡安·保罗·蒙托亚再次爆发出惊人实力，超越莱科宁和舒马赫，摘得桂冠。舒马赫在最后阶段发起进攻，试着将比分追平，但在摩纳哥狭小的赛道上，他根本无法进行决定性的超车，最后只获得第三名。

舒马赫：F1王者的传奇人生

本赛季的第八站比赛在加拿大维伦纽夫（为纪念吉尔斯·维伦纽夫这名伟大的赛车手）赛道上举行。虽然在最后几圈刹车出现问题，但迈克尔·舒马赫仍然赢得他本年度第四个分站赛冠军，领先弟弟拉尔夫、蒙托亚和阿隆索。

第九站大奖赛在德国纽博格林赛道举行。莱科宁获得杆位，并有望取得冠军，但因其发动机故障，被迫将赛道让给威廉姆斯车队的两名选手拉尔夫·舒马赫和蒙托亚（蒙托亚迫使迈克尔·舒马赫驶离赛道，迈克尔获得第五名）。最终拉尔夫获得第一名，蒙托亚获得第二名，巴里切罗第三。本场比赛中，阿隆索的一个莽撞操作，导致科特哈德遭遇了一次可怕的事故，这使他心有余悸。

第十站大奖赛在法国马尼库尔赛道举行。与上一次大奖赛的排名顺序如出一辙，威廉姆斯车队再一次获得"双赢"（拉尔夫·舒马赫第一，蒙托亚第二），车队积分排行榜位于法拉利车队和麦克拉伦车队之间。舒马赫在本场比赛中巧妙地利用进出维修站的策略，最终获得第三名，莱科宁位列第四。

7月20日，赛车手们齐聚英国银石国际赛道。正如2000年在德国霍根海姆赛道因一位观众擅自进入赛道改变比赛格局一样，这一次也有一名观众闯入赛场，而巴里切罗再一次从混乱中脱颖而出，抓住时机超车，并夺得最终胜利。蒙托亚获得第二名，莱科宁获得第三，舒马赫因在维修站排队加油耽误不少时间，只获得第四名。

以"律师"乔瓦尼·阿涅利之名

下一站比赛在德国霍根海姆赛道举行,天气酷热。威廉姆斯车队采用的米其林轮胎能很好地适应高温,因此在比赛的一周内,其赛车手称霸赛场:威廉姆斯车队的蒙托亚获得冠军,第二、第三名分别是科特哈德和特鲁里。另外如拉尔夫·舒马赫、莱科宁和巴里切罗这些赛车能手,在驾驶途中因一起重大的撞击事故而被迫退赛。舒马赫从第一个弯道平安驶出,并在最后阶段逐渐赶超(在赛道外圈超越特鲁里),但最终因轮胎漏气抱憾获得第七名。

接下来的一场大奖赛在匈牙利布达佩斯赛道举行。这场大奖赛上发生了两个重要事件:第一个事件是年轻的西班牙赛车手阿隆索(雷诺车队)获得其职业生涯首个冠军;第二个事件是前三名赛车手总分惊人相近。蒙托亚和莱科宁分别获得第三名和第二名,舒马赫获得第八名。比赛结束后,舒马赫的总分排名第一,与第二名的蒙托亚仅有1分之差,与第三名的莱科宁仅2分之差。巴里切罗因其赛车悬挂装置变形而导致赛车被毁,幸运的是,巴里切罗本人平安无事。

第十四场大奖赛,也就是本赛季最后三场比赛之一的蒙扎大奖赛上,舒马赫再次展现出伟大赛车手的风采,在经历了前几次的失利后,夺得杆位,获得冠军。第二名是蒙托亚,第三名是巴里切罗,莱科宁位居第四。积分榜上,舒马赫再次拉开与第二名和第三名的距离,而这也意味着法拉利车队(第二名)的总分在逼近第一

舒马赫：F1王者的传奇人生

名的威廉姆斯车队。倒数第二场大奖赛在美国举行，比赛结果也意味着蒙托亚即使在下一场比赛中获得冠军，也不可能争夺世界冠军称号了。这位哥伦比亚赛车手尽管获得赛场上的阵阵喝彩，但是最终表现不佳，只获得第六名。而我们的舒马赫，虽然在排位赛中排名第七，但在比赛中仍然获得冠军，领先莱科宁，总积分榜上比莱科宁多出9分的优势。而此时，离本赛季结束只剩下最后一场比赛了。

如以往一样，在日本铃鹿赛道上，舒马赫获得该赛季车手总冠军。对舒马赫而言，日本的这一周充满惊险：资格赛中，天空下起了雨，舒马赫的排位为第十四名，而莱科宁位于第八名。巴里切罗趁此机会，领跑赛道，为法拉利获得第二次分站冠军。而舒马赫在正赛中获得第六名，连续第四次获得世界冠军。而其所在的法拉利车队第十三次、连续第五次获得世界冠军车队的称号。

陪伴家人和全心工作

2004赛季,世界一级方程式呈现出令人尴尬的局面:迈克尔·舒马赫比赛时不再考虑自己的队友和车队,他夺冠的目的只为自己的名次。一场场比赛后,积分不断积累,舒马赫不断刷新之前个人所取得的成绩和纪录,超越众人,成为名副其实的"赛道之王"。同一车队两名赛车手的竞争显得颇为讽刺,我们这里所说的不是乔丹车队或索伯车队,颇具潜力的英美车队(本田车队)和仍显得稚嫩的丰田车队,而是威廉姆斯车队(宝马车队)和麦克拉伦车队(梅赛德斯车队),甚至法拉利的选手鲁本斯·巴里切罗也可以成为这些"战队"中的一员:他仿佛不是驾驶法拉利的队员,而是可以成为任意一个车队的赛车手,比如美洲虎车队(美洲虎车队的车标是对高贵的美洲虎最崇高的敬意)。因为最后的结果总是这样:似乎舒马赫驾驶的法拉利和巴里切罗驾驶的法拉利是不同的,舒马赫是为自己的伟大抱负而战,是为自己的成绩而战。为支持这

舒马赫：F1王者的传奇人生

个观点，我们列举一个相似的例子：瓦伦蒂诺·罗西——伟大的摩托车手，在世界摩托车赛事中所向披靡，虽然去年只获得第三名，但人们记得的仍然是瓦伦蒂诺本人，而非他所在的车队雅马哈。

人们不停议论，甚至有人认为法拉利车队现在仿佛是处在另一个星球，比起其他车队，必须花费更多的资金来平衡其轨道空间。是的，其他的车队如梅赛德斯、宝马、本田、丰田和雷诺也同样要花费大量欧元或日元来调节这个平衡。但事实上，导致这个平衡的差别在于赛车手本身，威廉姆斯车队和麦克拉伦车队在经历了无数次的尝试和磨合后，达到了一个相对平衡的状态。但法拉利车队的选手间的差距却仍然存在。

如今我们不知道是该祝愿（对于比赛而言）法拉利的这位"汉尼拔"继续夺得冠军，还是希望有人能够在明年超越他，虽然我们对此表示怀疑。而我们所能确信地就是"赛道之王"舒马赫的纪录在不断刷新，不断刷新也意味着之前所取得的成绩被不断遗忘，但舒马赫丝毫没有显露出停歇的意愿。德国大奖赛上，随着他取得的胜利，法拉利的旗帜在霍根海姆赛道上飘扬，震耳欲聋的鞭炮声和喇叭声响彻赛场，而舒马赫也当之无愧地得到一个类似于前往那不勒斯皮耶迪格罗塔旅游胜地度假的假期。这位杰出的赛车手又将一个世界冠军收入囊中（职业生涯中第七次获得世界冠军），而他所在的车队法拉利也再次获得车队总冠军（连续第五次，共十四次获得该称号）。

最后一场比赛显得毫无悬念。德国大奖赛结束之际，法拉利的技师们开始为下一个赛季的比赛做准备。事实上，没有理由再对如今的法拉利赛车进行改造，除非想把它改造成一枚导弹，在仅有的两圈赛道上领先众人一圈（当然，是由舒马赫驾驶）。在大奖赛结束前，舒马赫有意取得其他的胜利，刷新纪录。夏季假期给予他一段时间的休息：在德国大奖赛和匈牙利大奖赛之间有3周的间隔期，但更重要的是，在这段时间内，不需要练习。

因此，对于舒马赫而言，假期只意味着一件事情：家庭。舒马赫并不喜欢赶新潮，像其他人一样泡酒吧，或和许多年轻女郎一起度过。和努瓦拉里一样，舒马赫更喜欢待在家里或是参加比赛。当然，他拥有很多爱好。首先是摩托车。舒马赫在瑞士的维夫朗堡庄园拥有12辆哈雷戴维森摩托车。其次是足球。很多时候，舒马赫为了慈善事业而踢足球，比如他在国家赛车手足球队中就有出色表现。妻子科琳娜也同样相当低调，她谨慎地跟在丈夫身后。和赛道上其他"名媛"不同，科琳娜很少会显露出其魅力的一面，因此人们鲜少能够拍到她在赛场上的身影。那些秘密跟随在舒马赫的两个孩子吉娜·玛利亚和米克身后进行偷拍的人是需要冒很大风险的，舒马赫一家人极其厌恶"偷拍"，因此狗仔队已经被警告。总之，赛场外的舒马赫把所有的关注都放在了家庭上。有时候，对家庭的

舒马赫：F1王者的传奇人生

爱就显现在一个小小的跳跃上：德国大奖赛上，舒马赫改变了其登上领奖台的跳跃方式。他说，这是送给孩子们的一个礼物，因为在家里，他的孩子们已经尝试用这种新的方式跳跃。所以，当爸爸舒马赫跳跃着登上领奖台时，家里的孩子们用同样的方式在自家客厅里的电视机前一跃而起。这就是舒马赫对家庭的爱，如果他无法陪伴家人，那他的全部世界就是赛车。舒马赫的弟弟拉尔夫生活在奥地利。唯一一个能够随时拜访舒马赫家的自然只有威利·韦伯——舒马赫多年的经纪人。有时候舒马赫和家人一起乘坐私人飞机，飞翔在蓝色海岸，最终到达韦伯家的别墅与韦伯见面。舒马赫也会选择去犹他州牧场，毕竟在美国他能驾着自己的哈雷而不会轻易被人发现。在这些短暂的休息时间里，舒马赫着实把自己当成了真正的哈雷骑士，穿着带有流苏的运动外套。他选择的头盔是低调的银色。若舒马赫戴上其标志性的红色头盔，全世界的人都会知道，只要是在赛场上，这位无敌的年轻赛车手，必将驾驶着他的红色法拉利，成为最后的赢家。

蒙扎，大获全胜

1967年蒙扎赛道。莲花车队的吉姆·克拉克仿佛来自另一个星球，表现令人震惊。比赛开始后，这位苏格兰赛车手迅速冲入赛道。但是因中途轮胎漏气，吉姆只好停下来更换轮胎，并再次出发。在这中间耽搁的时间足以让其他赛车手超越他整整一圈，吉姆成为赛场上的最后一名。但并没有失去信心的他沉着冷静地紧跟在其他赛车手身后，并看准时机准备超越。倒数第二名，倒数第三名……第一名！吉姆将落下的一圈扳平，并再一次成为赛场上的第一名。这是火星人才有的本事，是克拉克才具备的本领。最后一圈，吉姆驾驶的莲花赛车出现燃油泵故障，只能勉强输送最后几滴燃油，但"伟大的吉姆"最终以第三名的成绩冲过终点。他才是真

舒马赫：F1王者的传奇人生

正的冠军，而不是和"巨龙"恩佐·法拉利大吵一架后离开法拉利车队、加入到本田车队的约翰·苏堤斯。最后，约翰·苏堤斯获得第一名，杰克·布拉伯汉姆驾驶着自己制造的赛车，获得第二名。但真正的冠军应该是吉姆·克拉克。观众们也这样认为，所以当吉姆登上领奖台后，他们报以最热烈的掌声。为什么我们要重提将近50年前的这个古老插曲呢？因为法拉利的两名赛车手在意大利举行的最后一场大奖赛上的精彩表现足以与吉姆相媲美。我们可以将两者进行对比，但前提是我们必须要明白他们所处的情况是截然不同的。当时克拉克所驾驶的赛车完全不能与舒马赫和巴里切罗的法拉利相比，法拉利赛车简直就是"飞船"。假设F1赛场上的"恺撒""汉尼拔"舒马赫处于和克拉克相似的境地，我们不得不怀疑他是否能够如吉姆一样登上领奖台。自然，舒马赫很出色，但他不是克拉克，巴里切罗也不是。法拉利车手巴里切罗、舒马赫夺下前两名的成绩的第二天，《蒙扎日报》就刊登文章，将克拉克、舒马赫和巴里切罗三个人相提并论。对年轻人而言，这个对比很有新意。但对那些上了年纪的人而言，这是在报纸上经常能看到的比较。

当然没有必要让吉姆驾驶法拉利的赛车证明法拉利赛车确实是一艘"飞船"。法拉利在第二年的比赛宣言中表明其态度："我们不会马上使用新车。"拜托，你想要换掉这样一辆好车？这样一辆即使是由平庸的赛车手驾驶也会创造奇迹的赛车？为什么要用新的

蒙扎，大获全胜

赛车来取代它？下一款新车（F2005？）在与其他赛车（雷诺、本田、宝马、奔驰、丰田、福特这些世界一流赛车）比赛时，至少不能比F2004逊色吧。在世界一级方程式中，一切皆有可能。我们有理由怀疑法拉利在短期内会更换新的赛车，但短期也意味着我们将在下一个赛季蓄势待发，静心等待新的赛车带来的荣誉与辉煌。我们也疑惑，为什么除了舒马赫以外，没有一位赛车手能将一辆赛车驾驶得如此完美？也许因为舒马赫是一位从没有想过要离开赛车场的选手，一位从来不会停止追求胜利的赛车手。因此，当下一个赛季开始时，舒马赫也将再次发挥他的赛车天赋，使其他赛车手难以望其项背。

  蒙扎赛道着实是一个让人欢欣鼓舞的盛宴。这是一场各个细节都被报道的盛宴，巴里切罗获得第一名，舒马赫则再一次为世界一流的法拉利车队赢得第二名。为了更好地理解在蒙扎赛道上发生了什么，我们只需要看一下这个趣事：巴里切罗驾驶的赛车突然间失去广播信号，因此他无法与维修站进行联系。然而，场下的观众弥补了这一失误：当鲁本斯经过时，看台上的观众起身挥动手臂、帽子和旗帜，他马上意识到自己是赛场上的第一名。一个慷慨的观众，即使是对嘲笑法拉利车队的英国车队这样的死敌也会给予赞美和荣耀的观众，当他看到法拉利车队的赛车手第一个冲到终点时，他站在路边，激动地叫喊着，欢欣鼓舞的样子

舒马赫：F1王者的传奇人生

感染了现场所有人——年轻人、老人、测量员、泥瓦工、律师和学生。这种自发的欢乐浪潮席卷了整个赛场，所有人都沉浸在无比的喜悦之中。这种喜悦在2004年9月12日周日同样上演，此时舒马赫已为法拉利效力9年。

坚毅而慷慨的舒马赫

2005赛季之前，印度洋发生毁灭性的海啸，这场2004年12月26日发生的灾难夺走了23万人的生命。迈克尔·舒马赫慷慨地捐赠了千万欧元，用于灾后重建。一直以F1核心赛车手坚毅形象出现的舒马赫，在这次灾难中表现出其充满同情心的柔情一面。

但F1比赛仍然继续，并在2005赛季中引进了新的比赛规则：赛车测试和整个比赛过程中禁止更换轮胎；赛车手在两周的比赛中只能使用一个引擎。

赛前测试让舒马赫马上意识到，比赛规则的改变意味着法拉利车队的优势将有所削弱。而在2004年的比赛中，舒马赫以压倒性的胜利夺得其职业生涯的第七个世界冠军，并在17场大奖赛中取得

舒马赫：F1王者的传奇人生

13个第一名，他的队友鲁本斯·巴里切罗则获得了两个第一名。此外，雷诺赛车和麦克拉伦–梅赛德斯赛车比法拉利F2004M赛车速度更快。F2004M赛车在F2004的基础上为适应新规则而设计，在F2005诞生之前用于2005赛季的前几场大奖赛。最终，F2005在比赛前的两个星期与世人见面。

澳大利亚练习赛中，当轮到舒马赫上场时，因为下雨，赛道已经完全湿透，最终舒马赫只获得第十八名。比赛中，舒马赫慢慢将名次追回，直到第八名。威廉姆斯车队的尼克·海菲尔德试图超越舒马赫时，因没有控制好方向，与舒马赫驾驶的法拉利赛车发生碰撞，最后委员会认定这是比赛的常规事故，两名赛车手双双退赛。

下一场大奖赛在马来西亚进行，在该场比赛中，舒马赫既没有遇到下雨的问题，也没有过分求胜的心理。但在这场晴天举行的没有任何阻碍的比赛中，迈克尔·舒马赫最终只获得第七名，夺得2分。现在最重要的是让F2005赛车上场，舒马赫为此很有信心，并希望能通过F2005来弥补之前丢失的分数。但法拉利车队没有告知舒马赫，在过去几年颇具竞争力的普利司通轮胎，并没有达到今年新规则的水平——在速度和持久性上尚未达到平衡。

从马来西亚回来后，舒马赫在穆杰罗赛道上检测了F2005赛车。安装上新轮胎后，舒马赫在复活节前夕驰骋在费奥拉诺赛道上，希望胜利女神能够重新降临法拉利战队！事实上，法拉利车队已经决

坚毅而慷慨的舒马赫

定在本赛季第三场大奖赛——巴林站推出F2005，取代F2004M。这似乎是一个正确的决定：最终，舒马赫在排位赛中名列前茅。正式比赛的前12圈中，他均位于第二名。但随后的一个机械故障迫使他停止比赛。

伊莫拉的比赛中，舒马赫排位赛为第十三名，但幸运的是，最后获得第二的好成绩。最后12圈时，舒马赫紧随在雷诺车队的费尔南多·阿隆索之后，阿隆索并不慌张，最后夺得本赛季第三场胜利，离他获得车手总冠军的称号又近了一步。

舒马赫在伊莫拉大奖赛上的表现可谓年度最佳。而在印第安纳波利斯赛道上，他再次取得了一次超现实的胜利。事实上，在美国站，只有6辆配有普利司通轮胎的赛车进行比赛，因为配有米其林轮胎的车队，由于轮胎的可靠性问题无法参赛。

最终，舒马赫以一起糟糕的事故结束了这可怕的一年。中国上海举行本赛季最后一场大奖赛，比赛刚开始没多久，舒马赫的F2005与克里斯蒂安·阿尔博斯驾驶的米纳尔迪-科斯沃斯赛车在暖胎圈发生碰撞，国际汽联委员会严厉谴责舒马赫，认为他应对本次事故负责。第23圈的时候，安全车后的舒马赫驾驶的赛车发生偏驶，转到反方向，这也意味着舒马赫只能被迫退赛。在这些身高参差不齐（F1比赛中，个子矮的赛车手比个子高的多）的赛车手中，34岁的舒马赫俨然是最年长的。他在本赛季的积分排行榜上排名第三，位于费尔南多·阿隆索（雷诺车队，24岁）和基米·莱科宁（麦克拉伦-梅赛德斯车队，26岁）之后，这些赛车手的赛车性能较他的法拉利更具有竞争力。

"恺撒"舒马赫接受失败，但他从不言败。

离开赛场

2006年9月10日,星期天的午后,蒙扎赛道上的阳光依然炎热。赛道上的人群纷纷涌入领奖台下,为这次意大利站的冠军迈克尔·舒马赫欢呼雀跃。这是法拉利车队难忘的一天,也是世界一级方程式历史上难忘的一天。并不仅仅因为在体育赛事上舒马赫名列前茅,位于优胜者名单之列,更因为在比赛结束后舒马赫所发表的一番讲话——他将要在本赛季结束后离开F1。这并不意外,因为舒马赫本人已经意识到与法拉利的合同将在2006年结束,不续约是一种可能性,并且舒马赫从未表明要加入另一支车队。舒马赫的官方通告和法拉利的声明引起很大的轰动,因为如果说之前只是一种猜测,那么如今的声明则已确定舒马赫退役消息的可靠性。

舒马赫：F1王者的传奇人生

有人问舒马赫："你为什么退役？"舒马赫回答道："是时候让我思考一下未来该做些什么了。我认真地思考了我的明天，发现自己没有动力、精力和力量去争夺第一。只是凭借兴趣去做一件事情并不是我的风格。如果参加比赛，我希望自己是最高水准。但今天，我看不到这样的机会。"

一个目前总分排名第二，和第一名只相差两分的赛车手说出这样的话着实让人觉得惊讶，更何况舒马赫在最近的6场大奖赛中4次夺得冠军，积分差距在不断缩小。自然，没有一个赛车手能如舒马赫一样，在F1度过16年的岁月，于245场大奖赛中夺得90次冠军，赢得7次车手总冠军后，还能在37岁时拥有如此多的动力、精力和力量。

蒙扎站前的大奖赛中，舒马赫表现依旧出色，身手敏捷。法拉利认为他还有能力争夺F1世界冠军。2006年第一场比赛中，舒马赫夺得首杆，并取得第二的成绩。若不是法拉利车队在舒马赫进站维修时效率不高，舒马赫必将是这次分站赛的冠军。在欧洲的伊莫拉和纽博格林赛道上，舒马赫也两次夺得冠军。在这些辉煌的成绩背后也夹杂着一些不如意，也许正是这些不如意之事导致舒马赫有了退役的想法。比如在马来西亚站，舒马赫遭遇了更换马达、出发时排位第十、最后无法超越新队友菲利普·马萨的糟糕经历。又比如在澳大利亚站，当他在争夺第五名时因事故被迫退赛。

对舒马赫打击最大的莫过于摩纳哥站，在这条蒙特卡洛赛道上

离开赛场

他曾获得5次大奖赛冠军。排位赛中（2006年开始采用全新三段淘汰制排位赛，并沿用至今），在离终点还有几分钟时，舒马赫仍然保持着他的杆位。夺得杆位至关重要，舒马赫驾驶的法拉利在最后一个弯道由于速度太快而锁死。赛车没有撞上护墙而损坏，但引擎熄火，直接停在了弯道上，造成后面所有的赛车均只能减速慢行。数小时后的评估和讨论后，委员会认定该行为系有意为之，因此取消了舒马赫的时间记录，并罚他从最后一位出发。法拉利则认为"这是一次缺乏证据的推测"。这次事件让许多人对舒马赫的道德产生了怀疑，因为舒马赫总是竭尽所能获得冠军，也可能是他重演了9年前在赫雷斯赛道上撞击雅克·维伦纽夫的一幕。

摩纳哥和意大利分站间的7场比赛中，舒马赫的表现也是时好时坏。在英国和加拿大大奖赛上，舒马赫获得第二名，并在接下来的三场比赛中连续夺冠。但他在蒙扎赛道前的两场大奖赛中则出师不利。匈牙利的排位赛中，舒马赫在红旗警告下仍超越两辆赛车，被处罚多扣两秒，但这对他影响并不大。然而在正赛中，舒马赫发生碰撞，车子偏驶转到相反方向，快到终点时，又与海德菲尔的赛车发生冲撞，悬挂装置断裂。离终点还剩3圈时，舒马赫从第三名落到第八名。而在接下来的土耳其大奖赛上，比赛中途舒马赫驾驶的赛车偏离跑道，从而耽误了不少时间，最终他只取得第三名。

意大利蒙扎站后，舒马赫的发挥依旧不稳定。在中国大奖赛

舒马赫：F1王者的传奇人生

上，他取得自己辉煌职业生涯的最后一个分站赛冠军；在接下来的日本站中，他因引擎故障被迫退赛；而在巴西大奖赛上，受到排位赛中就出现的技术故障（燃油泵）影响，舒马赫一开始名次十分落后，但之后他如猛虎一般，将差距不断缩小，最终取得第四的成绩。巴西大奖赛的结束也意味着舒马赫在法拉利的十年职业生涯宣告结束。适逢10月29日的"法拉利日"，舒马赫的粉丝们得以有机会在蒙扎和心爱的偶像见面道别。但舒马赫并没有真正地离开，他成为法拉利的"高级顾问"。而他在法拉利赛车手的空缺位置则由基米·莱科宁填满。

舒马赫离开了世界一级方程式，但在11月底，他又重回意大利布雷西亚省洛纳托市赛道。这一次的回归是出于对卡丁车不可磨灭的激情。两天的训练后，他将参加12月初的24小时卡丁车比赛，地点就在他儿时常去的科蓬赛道。正是在这里，舒马赫对赛车和速度产生了兴趣。由于舒马赫的参与，很多人（不，是太多人）都想观看这场比赛，因此组织者们对这次24小时科蓬卡丁车比赛争论许久。这一年，舒马赫获得诸多荣誉和奖项，最后的一项荣誉是马拉内拉荣誉公民称号。那么接下来，迈克尔·舒马赫能够给自己放一个小小的假期了，去滑雪或者去异国的沙滩上休憩。

退休？不！

迈克尔·舒马赫作为F1赛车手的职业生涯在2006年正式结束。2007年，他担任了法拉利高级顾问和菲亚特代言人，这在丰富生活的同时也能积攒一些小钱（在德国，有人透露舒马赫每年的报酬为500万欧元）。但这些职务并不能熄灭他对速度的激情，因为他生来就不是见证他人的英勇，而是让自己成为赛场的主角。大奖赛期间，当舒马赫出现在法拉利加油维修站时，气氛颇有些尴尬：如果说在菲利普·马萨的眼中，他是一位年长的朋友，那么对于替代舒马赫成为法拉利的新赛车手的基米·莱科宁而言，舒马赫就有些讨人厌烦了。其实从舒马赫退役更换新身份后，当他在费奥拉诺赛道上看到马萨和莱科宁这两名法拉利赛车手驾驶F2007时，就感觉到了

舒马赫：F1王者的传奇人生

自己的价值没有得到体现。

于是在1月底，舒马赫飞往普利亚大区，用了两天时间在穆罗莱切赛跑道上驾驶卡丁车300公里，其中还有一段水上行程。除了用卡丁车作为娱乐消遣外，舒马赫仍热衷于和自己的球队队员组织足球比赛。到了2月中旬，舒马赫不得不回到工作中，回到巴塞罗那赛道上的维修站，担任法拉利赛车手和技术人员的"翻译"，仿佛这个工作是很有必要的。10天后，舒马赫再次回到普利亚大区的乌真托市玩卡丁车。有些人看到舒马赫对卡丁车的热爱，认为这位多次赢得世界一级方程式的赛车手、2001年参加卡丁车比赛的迈克尔·舒马赫正在为世界卡丁车锦标赛做准备。

当大奖赛在欧洲举行时，人们经常能够看到舒马赫出入法拉利维修站的身影：在西班牙、在蒙特卡洛……2007年6月23日和24日，适逢法拉利独立生产汽车60周年之际，舒马赫终于再一次驾驶F2004，怀着喜悦的心情，驰骋在他熟悉的赛道上，台下的观众和舒马赫一样充满了喜悦。3年前，他正是驾驶着这辆F2004，夺得了13个大奖赛冠军，打破了一个赛季内取得最多冠军数的纪录，并获得他职业生涯第七个也是最后一个世界冠军。之后舒马赫在法国马尼库尔赛道和德国纽博格林赛道继续担任高级顾问。趁着这两次机会，舒马赫在工作之余做了一些自己喜欢做的事。在法国，他驾驶自己的赛车FXX载着一些观众驰骋在大奖赛的赛道上，但在跑道上驾驶一辆排量6.3升、800

马力的赛车是不被允许的。他之所以这么做是为了给让·托德所支持的大脑、脊髓协会筹募资金。在德国期间，舒马赫在距离大奖赛场地不远的科蓬赛道组织了一次卡丁车比赛。此外，舒马赫还参加了以他的名字命名的纽博格林舒马赫弯道的开幕式。

10月下旬，舒马赫在马拉内罗庆祝基米·莱科宁夺得车手世界冠军称号。在费奥拉诺赛道上，他终于第一次有机会驾驶基米和马萨的F2007。法拉利庆祝日在穆杰罗赛道举行，舒马赫驾驶自己改造过的FXX赛车行驶在跑道上，这一次的赛车较之前的版本速度更快，马力更强（多出60马力）。舒马赫作为"顾问"所负责的事务中，他最钟爱的莫过于促进法拉利赛车生产发展这一部分，比如他设计的430赛车就达到510马力和320km/h的速度。但舒马赫的才华不止于此，除了赛车外，他还获得了跳伞员专利，在由凯西·斯通纳称王的世界摩托车锦标赛中也取得不错成绩。2007年11月5日，在西班牙瓦伦西亚举办的世界摩托车锦标赛中，舒马赫驾驶杜卡迪，表现相当突出。

十多天后，舒马赫驾驶着法拉利F2007出现在巴塞罗那赛道上，但这一次他并不是作秀，而是出于工作的原因：他需要评估赛车在没有电子牵引力系统下的状态（2008年取消牵引力控制）。无论是测试赛车，还是和技术人员沟通交流，舒马赫都丝毫不怠慢。因此12月初，为了完善F2007，舒马赫再次出现在赫雷斯赛道上，

舒马赫：F1王者的传奇人生

并对2009年F1将重新使用的光头胎进行测试。在巴塞罗那和赫雷斯之间忙碌的同时，舒马赫仍抽出时间，怀着极大的热情前往巴西参加国际明星挑战赛，这是一场高手云集的卡丁车比赛。值得一提的是，舒马赫打败了前法拉利队友鲁本斯·巴里切罗（第四名）和菲利普·马萨（第五名），摘得桂冠。在英国伦敦温布利室内体育场举行的世界车王争霸赛中，舒马赫驾驶着菲亚特在车手杯赛中取得第二名的好成绩，并在国家杯中和紧随其步伐的年轻人塞巴斯蒂安·维特尔为德国夺得冠军。

米克·贝奇

  2008年2月底,F1正式比赛前,舒马赫在巴塞罗那测试法拉利赛车,与去年不同,这一次他只比莱科宁慢了十分之一秒。与此同时,他仍然追求自己所热衷的事业,也许是因为在摩托车锦标赛中驾驶杜卡迪所取得的成绩,这一次舒马赫决定驾驶本田CBR 1000RR参加3月份在匈牙利潘诺尼亚赛道举办的世界超级摩托车锦标赛。让人难以置信的是,舒马赫夺得杆位,并最终排名第三。接下来的意大利米萨诺赛道上,舒马赫驾驶KTM超级公爵获得第四名,让其他摩托车爱好者再一次惊讶不已。显然,舒马赫在自己所喜爱的摩托车运动上花费了大量时间。他本人也承认:"我从来没想过自己会如此热爱摩托车比赛。"但是舒马赫仍将重心放在F1赛事上。若法

舒马赫：F1王者的传奇人生

拉利需要他，他定义不容辞：4月中旬，他一直待在巴塞罗那，对F2008的光头胎进行检测。舒马赫的生活犹如万花筒般丰富多彩，在巴塞罗那测试的前三天，他带着9岁的儿子米克首次参加在西班牙吉罗纳举行的卡丁车比赛。舒马赫十分注重家庭隐私，这一次也不例外。在这次比赛登记中，米克没有跟随父亲的姓，而是用了母亲科琳娜的姓——贝奇。

在西班牙期间，舒马赫仍为法拉利维修站工作。在大奖赛前，他在洛纳托驾驶卡丁车度过了美好的一天，他坦言今后仍会玩摩托车，但不会一直开卡丁车。有趣的是，正是在这一年，他成为一支卡丁车队的老板。5月18日，舒马赫第一次在奥舍斯莱本赛道参加世界超级摩托车锦标赛，但并没有获得出色的成绩。随后，舒马赫驾驶本田CBR 1000RR参加另外4场德国超级世界摩托车冠军赛。之后，他在两次大奖赛期间，驾驶KTM（KTM，全称KTM Sportmotorcycle AG，是一家奥地利摩托车、自行车和助力车制造商，于1934年由工程师汉斯·特鲁肯波尔兹于奥地利城镇马迪霍芬创立。公司最初专营金属加工，店名为马迪霍芬·特鲁肯波尔兹汽车，简称KTM。1954年起，KTM开始制造摩托车）。他又在德国、葡萄牙波尔蒂芒赛道参加杜卡迪、雅马哈官方组织的世界超级摩托车锦标赛。11月的法拉利庆祝日在穆杰罗赛道举行，舒马赫一如既往地驾驶他的黑色赛车FXX。但他也不曾忘记穿上法拉利赛车服在洛纳托进行卡丁车训练。之后舒马赫再次参加世界车王争霸赛,并又一次与维特尔搭档,为德国摘得国家杯赛冠军。12月2日,在巴西落幕的国际明星卡丁车挑战赛中,巴里切罗夺得冠军,马萨位居第三,而舒马赫只获得第八名。

精力充沛的40岁

2009年1月3日是舒马赫的40岁生日,12月他与法拉利签订的合同也将到期。这是重要的一年。这一年里,舒马赫没有参加F1的练习赛,作为法拉利超级顾问的他仅参加了两次大奖赛。7月,舒马赫戴上头盔,穿上比赛服,再次出现在洛纳托市,参加罗伯特·库比卡组织的南加尔达卡丁车赛。这场比赛聚集了F1的8名赛车手,其中包括马萨和维特尔。舒马赫依然获得第一名,位于马萨和库比卡之前。但马萨还没好好享受取得的成绩,就发生了意外。这位法拉利赛车手在匈牙利大奖赛的练习赛中,被巴里切罗驾驶的赛车(布朗-梅赛德斯)的弹簧击中,导致头部受到重创,不得不住院治疗。法拉利考虑让舒马赫替代马萨参加接下来在瓦伦西亚举行的大奖赛。

舒马赫：F1王者的传奇人生

但问题是，已有两年多没有参加世界一级方程式赛车的舒马赫胖了五六公斤，更重要的是，在2009年2月西班牙卡塔赫纳举行的世界超级摩托车锦标赛中，舒马赫从他的本田车上摔下来，这次不幸的事故导致他颈部、肋骨和右手腕受伤。7月底，舒马赫驾驶F2007在穆杰罗赛道进行大约400公里的路程测试。他的颈伤再次复发，但没有妥协的舒马赫仍坚持参加8月5日和6日的洛纳托卡丁车训练。颈部的伤痛没有消失，短期内似乎也不会痊愈。颈伤阻碍了舒马赫参加匈牙利大奖赛，他不得不宣布取消比赛计划。如今，舒马赫不会再像马萨出事前那样态度坚决地拒绝回到F1的赛场上。当有人问他是否有复出的计划时，舒马赫选择回避这个问题。与此同时，在飞往阿拉伯联合酋长国首都阿布扎比参加本赛季最后一场大奖赛前，舒马赫再次出现在洛纳托参加卡丁车训练。之后他参加了在北京鸟巢国家体育场举办的世界车王争霸赛，依然获得个人杯赛第二名，并和塞巴斯蒂安·维特尔一起搭档，再次为德国队争得国家杯赛冠军。

11月，布朗GP车队被梅赛德斯车队收购的几个星期后，梅赛德斯向舒马赫抛出橄榄枝，此时舒马赫的颈伤也正在痊愈。11月29日，尽管并没有强烈的夺冠欲望，在巴西举行的国际明星卡丁车挑战赛中，舒马赫再次赢得冠军，马萨位列第二。这次挑战赛是马萨在匈牙利出事后的首次复出。现在最重要的事情莫过于舒马赫是否会加入梅赛德斯车队，虽然没有官方消息，但这位前法拉利赛车手

精力充沛的40岁

似乎去意已决。在意大利,有人认为舒马赫的这一决定是对法拉利的背叛,是忘恩负义的行为。法拉利主席卢卡·迪·蒙特泽莫罗十分痛心,但谁又能责怪舒马赫呢?若冷静下来思考,也不难理解舒马赫的行为,毕竟他对临时代替受伤的菲利普·马萨参赛这样的短暂性工作不感兴趣。并且法拉利车队已经和马萨、费尔南多·阿隆索这两位赛车手签订了2010年的合同。

复出

在洛纳托卡丁车赛道上,舒马赫第一次见到尼科·霍肯伯格——梅赛德斯GP车队队友。在离开F1三年后,舒马赫再次投入到训练中,为2010年的比赛做准备。为了参加GP2赛事,舒马赫首先在赫雷斯赛道上驾驶达拉-雷诺赛车进行训练。梅赛德斯为这位多次获得世界冠军的赛车手配备了两名理疗师和两名工程师,并在接下来的世界一级方程式比赛中全程陪护,主要目的是确保舒马赫的颈伤不会出现任何状况。在1月12日至14日为期三天的测试中,舒马赫完成了1000公里的路程后,一切都很正常,如此就能够保证年过40的舒马赫仍能向第八个世界冠军发起冲击。为了完成这一抱负,舒马赫有三年的时间,这也是他和梅赛德斯-奔驰车队签订的合同年限。

舒马赫：F1王者的传奇人生

梅赛德斯MGP W01是自1955年底奔驰制造商退出F1后的第一辆完全由公司自身打造的赛车，但舒马赫仍很有把握取得好成绩，因为曾在贝纳通和法拉利车队协助舒马赫成就七冠王的罗斯·布朗，如今以奔驰车队领队的身份继续与他合作。此外，车队的组织结构仍然和布朗GP车队一样。在去年的比赛中，车队获得F1世界制造商冠军，简森·巴顿夺得车手总冠军。2月初，梅赛德斯MGP W01首次亮相瓦伦西亚赛道，舒马赫驾驶两天，霍肯伯格驾驶一天。两人之间取得最佳成绩的舒马赫，比队友少了半秒钟。也许这也不算是一个很显著的成绩，但要评价一个赛车手，最好的基准是同车队的队友。霍肯伯格虽然比舒马赫小17岁，但却是一位快速的赛车手，从2006年起就开始参加F1的他也算是个赛车老手了。

舒马赫在巴林举行的首场大奖赛上表现不佳。事实上，无论是练习赛还是正式比赛，尼科都领先舒马赫许多。作为1982年世界冠军可可·霍肯伯格的儿子，尼科在澳大利亚大奖赛中的成绩依然比舒马赫突出。而在这场比赛中，舒马赫和法拉利的阿隆索发生碰撞，导致成绩落后。在马来西亚大奖赛上，尼科在资格赛中名列前茅，并最后获得第三的成绩。而舒马赫在正赛中从第四排出发，因为赛车少了一只轮子而被迫退赛。

复出的这一年，舒马赫不再如事业鼎盛时期那么出色。不可否认，他的速度仍然很快，但霍肯伯格比他更出色：在19场大奖

复出

赛的资格赛中,舒马赫只领先尼科5次,而在正式比赛中,也比尼科逊色不少。尼科在大奖赛上取得3次第三名,而舒马赫只获得3次第四名。梅赛德斯赛车没有太大竞争力,两名赛车手能做的也十分有限。而国际汽联颁布的针对F1比赛的测试限制也使得舒马赫不能稳定发挥其真实水平。尤其是在中国举行的第四场大奖赛上,在多变的环境尤其是赛道潮湿的情况下,很多人都期待舒马赫非凡的才能。但最后不孚众望,舒马赫只取得第十名,而霍肯伯格则取得第三名,比舒马赫整整快了50秒。在巴塞罗那举行的首场欧洲大奖赛上,舒马赫有力地回击了之前的质疑,无论是在练习赛还是在正式比赛中,他的成绩都比霍肯伯格要出色。而这时人们才知道,舒马赫之前在中国驾驶的赛车底盘早已破损,限制了他的发挥。幸运的是,在西班牙的比赛中,赛车底盘被发现有问题,并得到了及时的替换。

在土耳其大奖赛上,迈克尔·舒马赫继续显示出他"复苏"的迹象:在伊斯坦布尔赛道上,无论是测试赛还是正式比赛,舒马赫都位于霍肯伯格之前。接下来,他面临本赛季最艰难的一个阶段:在中间的5场比赛中,他的成绩都令人失望,更糟糕的是,他险些卷入一起可怕的事故中。匈牙利大奖赛上,在离终点还剩几圈的直线跑道上,巴里切罗(威廉姆斯-科斯沃斯)准备对当时位于第十名的舒马赫发起进攻。当巴里切罗靠近舒马赫时,舒马赫从后视镜中

舒马赫：F1王者的传奇人生

看到了他驾驶的威廉姆斯赛车，当两人并驾齐驱时，舒马赫逼迫巴里切罗朝维修站方向行驶；但巴里切罗并没有慌张，他准确无误地驾驶赛车，没有造成损伤。舒马赫得以有足够的空间超车。国际汽联委员会针对这一行为对舒马赫做出处罚：下一站的比利时大奖赛上，舒马赫将退10位发车。

但无论如何，比利时的斯帕赛道从不会让舒马赫失望：在这条神奇的赛道上，舒马赫第一次参加F1（1991年）比赛；也是在这条赛道上，他第一次登上分站赛冠军的宝座（1992年）。因为处罚的原因，舒马赫位于倒数第二排的第21位发车。测试赛中，舒马赫比霍肯伯格快几个百分秒。在离终点还剩4圈时，舒马赫重新追回到第六名的位置，领先霍肯伯格。而霍肯伯格并不放弃，在倒数第3圈的拉索尔斯弯道上超越了舒马赫。

韩国大奖赛上，舒马赫再次奋起直追。比赛当日，灵岩赛道十分潮湿，在这样艰巨的环境下人们更加期待舒马赫作为顶级赛车手的表现。最后，舒马赫获得第四名，这是他在本赛季第三次获得第四名（另外两次分别在西班牙大奖赛和土耳其大奖赛），也是本赛季取得的最好成绩。舒马赫复出后首个赛季的最后一场比赛在悲伤中落下帷幕：在阿布扎比赛场举办的比赛中，资格赛领先霍肯伯格的舒马赫在正赛中因阻止队友超车而导致赛车转到反方向，第1圈时就被淘汰出局。总之，这个冬天舒马赫该好好思考一下了……在

复出

德国杜塞尔多夫举行的世界车王争霸赛中,舒马赫再次与新晋世界冠军塞巴斯蒂安·维特尔搭档,连续第四次为德国夺得国家杯赛冠军。但这些似乎也没有给舒马赫太多宽慰。

在卡丁车中等待F1

梅赛德斯在2011年的比赛于2月初举行。在此期间，舒马赫仍坚持卡丁车训练，甚至驾驶团队KSM中的托尼-旋风的明星产品Racer EVRR参加在"家门口"的科蓬赛道上举办的比赛。更让人期待的是即将到来的大奖赛。这一年，所有赛车都必须配备倍耐力轮胎，以此增加进站加油或维修的次数。此外还配备了减阻系统，该设备的目的在于增加赛车在直线赛道上的速度。它被誉为"移动的翅膀"，更加方便超车。专家们认为意大利生产的倍耐力轮胎更适合舒马赫的驾驶风格。在2月1日至4日的瓦伦西亚赛道上，舒马赫驾驶新款梅赛德斯MGP W02，速度比队友霍肯伯格更快。这和去年发生的情景一样，在测试时，舒马赫的速度总比霍肯伯格快，而在

舒马赫：F1王者的传奇人生

真正的大奖赛上，舒马赫的表现则往往不尽如人意。总之，越临近F1比赛，梅赛德斯表现得越有竞争力。巴塞罗那的最后一次集体测试中，舒马赫的成绩是所有赛车手中最出色的。梅赛德斯车队对此次比赛抱有十分乐观的态度，他们急切地等待F1比赛的到来。但本该在巴林举行的首场比赛被取消了，改为两周后的3月27日在澳大利亚举行。经过漫长的等待，终于迎来周末的墨尔本大奖赛，然而舒马赫在这次比赛中的成绩让人十分失望，几乎是给大家泼了一盆冷水。在测试赛中，他比霍肯伯格快半秒，排位中等。在正赛中，他的赛车则发生碰撞，轮胎被刺穿，为避免发生事故，他不得不退赛。中国大奖赛上，看到队友霍肯伯格从第二排出发，抓住两次时机一度成为赛场上的第一名时，舒马赫更想获得机遇赢得比赛。如今他的赛车变得更具竞争力，这是赢得比赛的重要一点。此外还需要赛车手的技巧。尼科的成功似乎在不断打击着舒马赫多年的赛车经验。在土耳其分站赛中，霍肯伯格取得的胜利着实是对舒马赫的嘲讽。接下来的西班牙站比赛中，舒马赫的确比霍肯伯格发挥得更好，尽管比赛结果是舒马赫获得第六名，而尼科获得第七名。真正让舒马赫粉丝开心的是他在加拿大大奖赛上的表现：离终点还剩6圈时，舒马赫仅位于本次冠军简森·巴顿（麦克拉伦-梅赛德斯）之后，但在倒数第3圈时，驾驶着红牛-雷诺赛车的塞巴斯蒂安·维特尔和马克·韦伯反超舒马赫，最终舒马赫获得第四名。但想要再次获得这个名次几乎是不可能了。

　　为了再次见证"真正"的舒马赫，我们需要等到斯帕赛道上的比利时大奖赛。这条赛道见证了舒马赫在F1的首秀，如今已过去整整20年。从1991年的首次比赛到现在，舒马赫走过漫长的道路。在资格赛的第1圈中，舒马赫驾驶的赛车轮胎出现安全问题，他只得离开资格赛场。但在正式比赛中，正是这次从最后一排出发的被动局面给了这位赛车天才展示其非凡才能的机会：在F1历史上最具难度、最富传奇色彩的赛道之一上，舒马赫超越霍肯伯格，赢得宝贵的第五名。比利时站取得的佳绩一直延续到两星期后的意大利蒙扎赛道。舒马赫在资格赛中的名次比霍肯伯格靠前，正式比赛中他速度飞快，获得第三名。舒马赫在赛道上显得精力太过旺盛，而梅赛德斯维修站通过广播向他传递的信息则希望他能收敛一些，最后的结果便是舒马赫又一次获得第五名的成绩。对所有赛车手而言，日本铃鹿赛道上的比赛显得十分艰巨；而对舒马赫而言，此次比赛意义非凡。大奖赛上，舒马赫在第38圈至40圈获得第一的位置，尽管取得这样的成绩是因为他选择推迟换胎。最终，舒马赫获得第六名，从最后一排出发的霍肯伯格则取得第十的成绩。由于舒马赫在前几场大奖赛中所取得的名次不错，本赛季结束后，他和霍肯伯格的表现相差无几。舒马赫曾6次被最优秀的车队（红牛、麦克拉伦和法拉利）评为最佳车手，霍肯伯格则是5次。然而在练习赛中，霍肯

舒马赫：F1王者的传奇人生

伯格以绝对性的胜利（在练习赛中16次超过舒马赫）压倒舒马赫（3次）。与往常一样，这一年年底，舒马赫再次与塞巴斯蒂安·维特尔合作，在杜塞尔多夫的世界车王争霸赛中，又一次为德国捧回国家杯赛冠军奖杯。

昔日光辉不再

2012年是舒马赫复出的第三年，也是与梅赛德斯合同到期的一年。当然这也可能不是舒马赫赛车生涯的最后一年，一切取决于双方对彼此的期待。比赛开始前，人们得到一个消息：与前两个赛季不同，本赛季梅赛德斯赛车不会在集体测试中亮相，而是要推迟到两个星期后（2月21至24日）的巴塞罗那才与观众见面。这一变动是为了不提前泄露梅赛德斯的秘密武器吗？舒马赫不会让自己闲下来，他不可能安静地等待比赛来临。1月底，舒马赫在洛纳托赛道上进行为期两天的练习，并训练快要13岁的儿子米克。事实上，舒马赫和队友霍肯伯格仍然在赫雷斯赛道上参加了第一次集体测试，只是他们驾驶的是一年前的赛车。

舒马赫：F1王者的传奇人生

　　巴塞罗那赛道上，梅赛德斯MGP W03首次亮相，舒马赫仍然比尼科快半秒。但不知道在今年的大奖赛中他是否能一直位于尼科之前呢？澳大利亚的首场大奖赛中，舒马赫在资格赛中位居第二排，而尼科则在第四排。不幸的是，舒马赫的正式比赛只持续了10圈。第10圈时，赛车变速器发生故障，舒马赫不得不退赛，而当时他位居第三名。

　　马来西亚站，舒马赫和尼科在排位赛中的名次与在澳大利亚时相同。梅赛德斯真正的胜利日是在2012年4月15日。这一天，MGP W03第一次夺得冠军。但摘得桂冠的并不是舒马赫，而是夺得杆位的霍肯伯格。舒马赫位于第一排出发，在前11圈时保持着全场第二的成绩，随后进站加油维修。当他再次出发时，赛车的一只轮子脱离车体，舒马赫再次以痛苦的退赛结束了本次大奖赛。

　　西班牙的比赛依然不尽如人意，舒马赫与布鲁诺·塞纳驾驶的威廉姆斯–雷诺赛车在巴塞罗那赛道上发生碰撞。委员会一致认为舒马赫是引起这次事故的主要原因，并对他做出处罚：下一站的摩纳哥大奖赛上，舒马赫将退5位发车。这是一场真正的灾难，因为今年40岁零5个月的舒马赫在蒙特卡洛练习赛中的表现是如此突出，位于第一。但如今他不得不从第三排出发，要知道在摩纳哥大奖赛上获得杆位的赛车手基本上已将半个冠军收入囊中。无数次的比赛证明谁获得杆位（这次获得杆位的是驾驶红牛–雷诺赛车的韦伯），谁就能轻松

昔日光辉不再

赢得比赛,获得冠军。尼科·霍肯伯格排位第二,最后摘得第二名。而舒马赫在比赛一开始时就卷入一场事故中,随后又因为技术问题(燃料压力)不得不退赛。

加拿大大奖赛上,因技术问题(减阻系统),舒马赫再次惨败。而在瓦伦西亚的欧洲大奖赛中,回归后的舒马赫终于迎来他的胜利日。虽然他并没有获得冠军,但鉴于从第六排出发,他所获得的第三名意义重大。那一天的第六排是一个幸运的排数,因为当天同样位于第六排的法拉利选手费尔南多·阿隆索竟然赢得本场比赛的冠军!

比利时大奖赛上,舒马赫再次进入维修站时,险些因阻拦维特尔(红牛-雷诺)而违规,所幸委员会并没有给予他处罚。这是舒马赫职业生涯中第300次参加F1大奖赛,他特地选择了铂金头盔作为庆祝。斯帕授予他荣誉公民的称号。与此同时,人们开始怀疑舒马赫是否还会与梅赛德斯续约。

新加坡大奖赛上,这个疑问在聚光灯下不断被放大。事实上,在这场比赛中,舒马赫与驾驶红牛-法拉利赛车的让-埃里克·维尔涅发生了一场令人难以置信的碰撞。实际上,这场比赛意味着舒马赫第二次结束F1职业生涯。自然,舒马赫会将本赛季的大奖赛进行到底。然后,本场比赛结束后的14天,梅赛德斯宣布曾经7次获得世界冠军的舒马赫将不再为其车队效力,从2013年开始,他的位置将

舒马赫：F1王者的传奇人生

由刘易斯·汉密尔顿取代。

日本大奖赛前夕，舒马赫致谢梅赛德斯团队，坦言他仍在等待更出色的成绩，并会一直战斗到最后一刻。从没有为复出而懊悔的他很骄傲能和世界上最优秀的赛车手进行较量。因新加坡与维尔涅的碰撞，日本赛中舒马赫退10位发车。位于最后一排出发的他取得第十一名（没有得分）。

如今的舒马赫不再抱有过多的期待，虽然在接下来的韩国大奖赛上他的表现并不差，排位赛中与霍肯伯格名次相差无几。但在印度的比赛中，他再次发挥不佳，比赛中与维尔涅（红牛-法拉利）发生碰撞，其中一只轮胎被刺破，最后因为变速器的原因退赛。阿布扎比大奖赛上，轮胎再一次被穿孔；美国大奖赛上，虽然从第三排出发，但最后只获得第十六名；最后一场大奖赛在西班牙英特格拉斯赛道上举行，舒马赫从第七排出发，并获得第七名的成绩。舒马赫唯一的安慰，便是在泰国曼谷举行的世界车王锦标赛中和维特尔搭档，连续第七次为德国夺得国家杯赛冠军。现在，舒马赫待在家中，什么都不想，也不想再回到F1比赛中。世界一级方程式的生活被永远封存：再见，"F1汉尼拔"舒马赫！

白雪、机器（复苏），祈祷

2013年的最后一个周日是一个美丽的日子，舒马赫选择在萨沃亚省阿尔卑斯山区的梅瑞贝勒度假村滑雪庆祝，等待新年的到来。但不幸的是舒马赫还没来得及庆祝，就不得不被送到法国格勒诺布尔大学神经复苏医疗中心的病房中与死神做抗争。

舒马赫在滑雪时发生的事故极大地改变了他、他的家庭（妻子科琳娜、女儿吉娜·玛利亚、儿子米克）、父亲（罗夫）和弟弟（拉尔夫）的计划。舒马赫与米克在一起滑雪时，不慎撞在一块突出的岩石上，失去平衡，摔倒在地，头部撞到另一块岩石上。头盔破裂，巨大的冲击造成严重的大脑损伤。

法国阿尔贝维尔地方检察官帕特里克·昆西根据舒马赫头盔中

舒马赫：F1王者的传奇人生

安装的微型摄像机摄取的图片，重新还原了事故现场：12月29日中午11点，舒马赫在梅瑞贝勒海拔为2700米的绍丽尔山的滑道上滑行，当他滑行至两条滑道之间时，他选择了左边红色的沙穆瓦滑道，而放弃了蓝色的比什滑道。他滑过界限，偏离滑道，并滑离标记区3到6米。突然，他的滑雪板撞击到一块裸露的石块，舒马赫失去平衡，整个身体往前倾。随后他的头部撞击到离滑道3.5米远的石块上。裸露的石头和后来舒马赫头部撞击的石头距离标记区边缘8米。舒马赫一动不动地躺在地上，距离滑道9米。

有人认为速度过快是导致本次事故发生的主要原因，但调查人员则持相反意见。根据滑行场地类型和舒马赫本人丰富的滑雪经验，他们认为当时舒马赫的滑雪速度完全属于正常范围内。

舒马赫很快得到救援。15分钟内他就被送往距离事发地大约15公里的小城穆捷接受治疗。病情出现恶化，接受初步治疗后，舒马赫被直升机紧急转移到法国格勒诺布尔大学医疗中心的脑部受损急诊中心进行治疗。到达医院时是12点40分，舒马赫处于昏迷状态，头部右侧出现血肿。

法国格勒诺布尔大学医疗中心神经外科教授斯蒂芬·夏巴德斯说道："我们已经采取紧急措施消散血肿。大脑断层扫描显示手术成功，但不幸的是，目前大脑两侧有大面积出血。"医疗中心负责麻醉与复苏事务的让-弗朗索瓦·佩恩教授补充道："舒马赫能否

白雪、机器（复苏），祈祷

脑复苏至关重要。现在我们还无法确定他将来的状况。"事故发生后，曾在1999年银石赛道救过舒马赫一命的杰拉德·赛朗教授、周日晚上就到达医院的罗斯·布朗，以及让·托德和卢卡·巴多尔这些好友第一时间赶去安慰舒马赫的家人。消息先是传到法拉利和梅赛德斯车队，随后F1的赛车手和制造商也纷纷得知该消息。舒马赫的一些粉丝开始在格勒诺布尔大学医疗中心楼下聚集。第二次外科手术在周一晚上至周二凌晨进行，目的在于消散大脑左侧血肿。手术有效缓解了颅内压力，情况"比前一天晚上更容易控制"，但并没有改善舒马赫的状况。经纪人萨宾娜·科姆在元旦公开宣布舒马赫的病情稳定，并表明在病情有所改变前不会召开任何其他医疗发布会。

2014年1月3日是舒马赫的45岁生日，F1法拉利车迷在格勒诺布尔大学医院附近举办了一场低调但精彩的庆生活动，给予舒马赫最大的支持，场面温馨动人。科琳娜在感谢完所有支持和关心丈夫的人员后，请求记者离开医院，以便减轻医生的压力。数月之后，舒马赫才被确认正式脱离生命危险。在这期间的等待是如此漫长与不可预知。1月中旬，在事发地找到了科琳娜送给舒马赫的西藏幸运手链，他常常把它戴在手腕上当作幸运符。但此时舒马赫仍然处于昏迷状态，能够让他苏醒过来的是那些冰冷、没有生命但也蕴藏着美丽的医疗器械；或是那个用"机械"方式主宰世界生与死、以不可

舒马赫：F1王者的传奇人生

捉摸的方式保持人类平衡的上帝。而我们，渺小的"两足动物"，能做的就是为他祈福，为迈克尔·舒马赫祈福，尽管他不再是世界冠军，而只是一个普通人。

作者的话

为了完成这本书,除了翻阅本人之前写的两本关于F1的书籍外,我还参考了大量其他相关资料。这些资料堆满了我的书架,所涉及的内容,时间跨度超过40年。事实上,这本书不仅仅是在讲述舒马赫的故事。

我"窃取"了10年前自己发表的有关舒马赫的传记内容,将其作为一些基础资料(否则在如此短的时间内完成这本书着实是个艰巨的任务)。此外,当年我在F1工作时合作过的专业杂志中的文章,也对我帮助甚大。

在此,我想要特别感谢亲爱的好友兼敬爱的同事路易吉·马萨里给予我的宝贵帮助。